# Carsten Wilke

# Die Mieterhöhung

## -   Durchsetzung und Abwehr

AF191714

# Impressum

Bibliografische Information der Deutschen Nationalbibliothek
Die Deutsche Nationalbibliothek verzeichnet diese Publikation in der Deutschen
Nationalbibliographie;
detaillierte bibliografische Daten sind im Internet über http://dnb.d-nb.de
abrufbar.

Herstellung und Verlag: Books on Demand GmbH, Norderstedt
Bildnachweis: Foto auf Umschlag: Ernst Rose / pixelio.de
Autor:
Carsten Wilke
Rechtsanwalt und Fachanwalt für Miet- und Wohnungseigentumsrecht
Anwaltskanzlei Wilke & Coll.
Klettenbergstr. 13
60322 Frankfurt am Main
Tel. 069 / 915099-20
Fax 069 / 915099-29
E-Mail: Mail@WilkeundColl.de
Internet: www.WilkeundColl.de

Kanzleisitz **Frankfurt**, Zweigstellen in **Wiesbaden**, **Mainz** und **Darmstadt**

Printed in Germany

ISBN 978-3-8391-8545-2

Die Mieterhöhung - Durchsetzung und Abwehr

# Vorwort

Für jeden Vermieter von Immobilien, sei es als privater Vermieter oder als professionelles Immobilienunternehmen, ist die Hauptmotivation der Kapitalanlage in Immobilien der möglichst hohe Ertrag. Das Ziel des Vermieters liegt also darin, die Mieten stets so weit wie möglich zu erhöhen.

Der Mieter hingegen hat ein Interesse daran, Mieterhöhungen auf formale und inhaltliche Richtigkeit überprüfen zu können.

Hier setzt dieses Fachbuch an. Dem Vermieter soll in komprimierter Form das nötige Wissen vermittelt werden, um die Mieten zu erhöhen, dem Mieter wird das notwendige Wissen an die Hand gegeben, um Mieterhöhungen prüfen zu können.

Hierbei hilft das Buch durch praxisorientierte Darstellung der jeweiligen Inhalte, zahlreiche Beispiele und Praxistipps, Mustertexte und die Darstellung wesentlicher Gesetzesnormen.

Die Materie wird praxisnah und chronologisch strukturiert aufbereitet.

Frankfurt am Main im Juni 2010

# Abkürzungsverzeichnis

| | |
|---|---|
| a. A. | anderer Ansicht |
| a. a. O. | am angegebenen Ort |
| a. F. | alte(r) Fassung |
| abl. | ablehnend |
| Abs. | Absatz |
| Abschn. | Abschnitt |
| AG | Amtsgericht |
| AGBG | Gesetz zur Regelung des Rechts der Allgemeinen Geschäftsbedingungen (AGB-Gesetz) |
| Alt. | Alternative |
| Anh. | Anhang |
| Anl. | Anlage |
| Anm. | Anmerkung |
| Art. | Artikel |
| BayObLG | Bayerisches Oberstes Landesgericht |
| BayObLGZ | Entscheidungen des Bayerischen Obersten Landesgerichts in Zivilsachen |
| Bek. | Bekanntmachung |
| betr. | betreffend |
| BetrkV | Verordnung über die Aufstellung von Betriebskosten (Betriebskostenverordnung - BetrkV) |
| BFH | Bundesfinanzhof |
| BGB | Bürgerliches Gesetzbuch |
| BGBl. | Bundesgesetzblatt |
| BGH | Bundesgerichtshof |
| BGHZ | Entscheidung des Bundesgerichtshofs in Zivilsachen |
| Buchst. | Buchstabe |
| II. BV | Verordnung über wohnungswirtschaftliche Berechnungen (Zweite Berechnungsverordnung - II. BV) |
| BVerfG | Bundesverfassungsgericht |
| BVerfGE | Entscheidungen des Bundesverfassungsgerichts |
| BVerwG | Bundesverwaltungsgericht |
| BVerwGE | Entscheidungen des Bundesverwaltungsgerichts |
| bzw. | beziehungsweise |

Die Mieterhöhung - Durchsetzung und Abwehr

| | |
|---|---|
| ca. | circa |
| d. h. | das heißt |
| dass. | dasselbe |
| ders. | derselbe |
| DIN | Deutsche Industrienorm |
| DWW | Deutsche Wohnungswirtschaft |
| EGBGB | Einführungsgesetz zum Bürgerlichen Gesetzbuch |
| EichG | Gesetz über das Mess- und Eichwesen |
| EnEG | Gesetz zur Einsparung von Energie in Gebäuden (Energieeinsparungsgesetz) |
| EnEV | Verordnung über energiesparenden Wärmeschutz und energiesparende Anlagetechnik bei Gebäuden (Energieeinsparverordnung – EnEV) |
| ErbbauVO | Verordnung über das Erbbaurecht |
| Erl. | Erläuterung |
| EStG | Einkommensteuergesetz |
| f. (ff.) | folgend(e) |
| FGG | Gesetz über die Angelegenheiten der freiwilligen Gerichtsbarkeit |
| Fn. | Fußnote |
| GE | Das Grundeigentum. Zeitschrift für die gesamte Grundstücks-, Haus- und Wohnungswirtschaft |
| GenG | Gesetz betreffend die Erwerbs- und Wirtschaftsgenossenschaften |
| GewO | Gewerbeordnung |
| GG | Grundgesetz für die Bundesrepublik Deutschland |
| ggf. | gegebenenfalls |
| GKG | Gerichtskostengesetz |
| GmbH | Gesellschaft mit beschränkter Haftung |
| GmbHG | Gesetz betreffend die Gesellschaften mit beschränkter Haftung |
| GVG | Gerichtsverfassungsgesetz |
| h. M. | herrschende Meinung |
| Halbs. | Halbsatz |
| HeizkV | Verordnung über die verbrauchsabhängige Abrechnung der Heiz- und Warmwasserkosten (Verordnung über die Heizkostenabrechnung) |
| HGB | Handelsgesetzbuch |

Die Mieterhöhung - Durchsetzung und Abwehr

| | |
|---|---|
| HKA | Die Heizkostenabrechnung |
| i. V. m. | In Verbindung mit |
| i. d. F. | in der Fassung |
| i. d. R. | in der Regel |
| InsO | Insolvenzordnung |
| KG | Kammergericht |
| L | Leitsatz |
| LG | Landgericht |
| m. | mit |
| m. E. | meines Erachtens |
| m. w. N. | mit weiteren Nachweisen |
| MDR | Monatsschrift für Deutsches Recht |
| MHG | Gesetz zur Regelung der Miethöhe |
| n. F. | neue Fassung |
| NJW | Neue Juristische Wochenzeitschrift |
| NRW-RR | NJW - Rechtsprechungsreport Zivilrecht |
| NMV 1970 | Verordnung über die Ermittlung der zulässigen Miete für preisgebundene Wohnungen (Neubaumietenverordnung 1970) |
| Nr. | Nummer |
| NZM | Neue Zeitschrift für Miet- und Wohnrecht |
| o. | oben |
| OLG | Oberlandesgericht |
| OLGR | OLG-Report |
| OWiG | Gesetz über Ordnungswidrigkeiten |
| Rn. | Randnummer |
| RG | Reichsgericht |
| RGZ | Entscheidungen des Reichsgerichts in Zivilsachen |
| Rpfleger | Der Deutsche Rechtspfleger |
| S. | Seite |
| s. | siehe |
| StGB | Strafgesetzbuch |
| str. | streitig |
| u. | und |
| u. a. | unter anderem |
| u. U. | unter Umständen |
| Urt. | Urteil |
| usw. | und so weiter |

| v. | vom/von |
|---|---|
| VG | Verwaltungsgericht |
| VGH | Verwaltungsgerichtshof |
| vgl. | vergleiche |
| Vorbem. | Vorbemerkung |
| WE | Wohnungseigentum (Zeitschrift) |
| WEG | Gesetz über das Wohnungseigentum und das Dauerwohnrecht (Wohnungseigentumsgesetz) |
| WuM | Wohnungswirtschaft & Mietrecht |
| II. WoBauG | Zweites Wohnungsbaugesetz (Wohnungsbau- und Familienheimgesetz) |
| WoBindG | Gesetz zur Sicherung der Zweckbestimmung von Sozialwohnungen (Wohnungsbindungsgesetz) |
| WoFG | Wohnraumförderungsgesetz |
| WoFlV | Verordnung zur Berechnung der Wohnfläche (Wohnflächenverordnung – WoFlV) |
| z. B. | zum Beispiel |
| z. T. | zum Teil |
| Ziff. | Ziffer |
| zit. | zitiert |
| ZMR | Zeitschrift für Miet- und Raumrecht |
| ZPO | Zivilprozessordnung |
| ZVG | Gesetz über die Zwangsversteigerung und die Zwangsverwaltung (Zwangsversteigerungsgesetz) |

# Inhaltsverzeichnis

Die Mieterhöhung - Durchsetzung und Abwehr

# Einführung

Die Mieterhöhung gem. § 558 BGB auf die ortsübliche Vergleichsmiete ist eine von verschiedenen Erhöhungsmöglichkeiten, welche das BGB dem Vermieter eröffnet.

Zu nennen ist daneben noch die Möglichkeit der Umlage von Kosten baulicher Maßnahmen des Vermieters (Stichwort: Modernisierung) gem. § 559 BGB, die Umlage von Betriebskostenerhöhungen gem. § 560 Abs. 1 BGB, die einvernehmliche Mieterhöhung gem. § 557 Abs. 1 BGB, die Staffelmieterhöhung gem. § 557 a und die Indexmieterhöhung gemäß § 557 b BGB.

**PRAXISTIPP**

*Die Mieterhöhungsmöglichkeiten sind auch nebeneinander möglich. So ist z. B. eine Mieterhöhung wegen einer Anpassung an das allgemeine Mietniveau neben einer Erhöhung wegen einer erfolgten Modernisierung denkbar.*

Zu beachten ist bei jeder Mieterhöhung, dass diese teilweise auch ausgeschlossen sein kann, wenn z. B.

- das Mietverhältnis auf bestimmte Zeit geschlossen wurde,
- wenn das ordentliche Kündigungsrecht des Vermieters ausgeschlossen wurde,
- wenn das Mietobjekt mit einer öffentlichen Förderung instand gesetzt oder modernisiert wurde oder
- im Einzelfall, wenn Klauseln des Mietvertrages betreffend eine Mieterhöhung -so z. B. denkbar bei einer Staffelmietvereinbarung- unwirksam ist.

Zu beachten ist, dass bei sämtlichen Mieterhöhungen gemeinsame Formalien für die Mieterhöhungserklärungen gem. §§ 558 bis 560 BGB gelten:

So muss der Absender eines jeden Mieterhöhungsverlangens immer der jeweilige Vermieter zum Zeitpunkt der Abgabe des Mieterhöhungsverlangens sein.

Zu berücksichtigen ist hier z. B. die Möglichkeit, dass mehrere Personen oder Gesellschaften auf der Vermieterseite im Mietvertrag angegeben sein können.

**PRAXISTIPP**

*Sowohl bei Mieterhöhungen, als auch bei Kündigungen oder Nachtragsverträgen müssen stets alle Vermieter und alle Mieter aufgeführt werden. Andernfalls sind die Kündigungen, bzw. Mieterhöhungen etc., **unwirksam.***

**PRAXISTIPP**

*Es ist immer zu beachten, dass Hausverwaltungen nicht automatisch auch Mieterhöhungserklärungen abgeben können. Handelt die Verwaltung ausdrücklich im Mietvertrag als Vertreter des Vermieters, dann wird der Vertretene Vertragspartner und muss eine Mieterhöhungserklärung selbst abgeben.*

Seit der Entscheidung des Bundesgerichtshofs vom 29. Januar 2001 (BGH NJW 2001, 1056) ist klargestellt, dass die GbR nach außen im Rechtsverkehr als Gesellschaft auftreten kann und insoweit als eigene Rechtspersönlichkeit auch die Mieterhöhungserklärungen abgeben kann. Gleiches gilt im Übrigen für Kündigungsschreiben etc.

Dies gilt jedoch nur dann, wenn die GbR eine Außengesellschaft ist und dementsprechend auch am Rechtsverkehr teilnimmt.

Abzugrenzen hiervon ist die GbR als reine Innengesellschaft, welche dann vorliegt, wenn z. B. im Mietvertrag die einzelnen Gesellschafter als Mietvertragspartei aufgeführt sind und ein Hinweis auf die gesellschaftsrechtlichen Beziehungen fehlt.

In diesem Fall ist dann von sämtlichen Mitgliedern der Gesellschaft das Kündigungsschreiben oder Mieterhöhungsschreiben aufzusetzen und zu unterzeichnen.

Ein Sonderproblem kann auch bei einer Mieterhöhungserklärung im Rahmen von Wohnungseigentum bestehen.

Hier ist zu berücksichtigen, dass auch Wohnungseigentümergemeinschaften Vermieter sein können, wenn z. B. im Gemeinschaftseigentum stehende Garagen oder ähnliches vermietet werden.

Dies dürfte nach der Novellierung des Wohnungseigentumsgesetzes zur Mitte des Jahres 2007 nicht mehr weiter problematisch sein.

Wie das Mieterhöhungsschreiben von sämtlichen Vermietern unterzeichnet sein muss, so gilt dies auch für die Empfängerseite.

Die Mieterhöhung - Durchsetzung und Abwehr

# Erhöhung auf die ortsübliche Miete gem. § 558 BGB

## Einleitung

Ziel des § 558 BGB ist die Möglichkeit für den Vermieter, die Miete auf die **ortsübliche Miete** zu erhöhen.

Zu beachten ist hierbei zum einen die **Kappungsgrenze** von 20% und zum anderen die **Jahressperrfrist**.

Nach der Kappungsgrenze darf eine Mieterhöhung jeweils um maximal 20% in Bezug auf einen Zeitraum von 3 Jahren erhöht werden und zum anderen ist eine Mieterhöhung nur einmal im Jahr möglich.

**PRAXISTIPP**

*Die Jahressperrfrist führt dazu, dass eine Mieterhöhung erst nach Ablauf eines Jahres nach Inkrafttreten der letzten Mieterhöhung erklärt werden kann. Da eine Mieterhöhung erst nach drei Monaten wirksam wird, greift die neue Mieterhöhung daher erst 15 Monate nach der letzten Mieterhöhung. → 12 Monate nach Wirksamwerden der letzten Mieterhöhung → Erklärung der Mieterhöhung → 3 Monate bis zum Inkrafttreten der Mieterhöhung = 15 Monate*

Die Ortsüblichkeit einer Miete ist anhand von 3 Alternativen zu ermitteln:

1. Zum einen kann auf einen **Mietspiegel** zurückgegriffen werden, soweit ein solcher für die Region, in welchem sich das Mietobjekt befindet, vorliegt. Hierbei handelt es sich um die einfachste Möglichkeit einer Mieterhöhung nach § 558 BGB.

2. Eine zweite Möglichkeit, welche ebenfalls kostengünstig ist, aber andererseits zeitaufwendig oder zumindest entsprechende Kontakte zu anderen Vermietern voraussetzt, ist die Mieterhöhung anhand von drei **Vergleichswohnungen**.

3. Die letzte Möglichkeit besteht darin, ein **Sachverständigengutachten** erstellen zu lassen. **Die Kosten eines solchen Sachverständigengutachtens können jedoch nicht auf den Mieter umgelegt werden.** Es handelt sich insoweit um eine kostenintensive Möglichkeit, welche erst als letzte in Betracht gezogen werden sollte.

## Erste Schritte zur Mieterhöhung

Vor einer Mieterhöhung sollten zunächst sämtliche Informationen gesammelt werden.

Zunächst ist die Wohn-/Nutzfläche des Mietobjektes zu ermitteln. Hierbei kommt es auf die tatsächliche Fläche an und nicht auf die, welche im Mietvertrag angesetzt ist. Soweit die tatsächliche Fläche geringer ist, als die im Mietvertrag angegebene Fläche, wird diese zugrunde gelegt. Andernfalls ist jedoch eine Begrenzung durch die im Mietvertrag angegebene Fläche gegeben.

**PRAXISTIPP**

*Es ist demnach vor der Durchsetzung einer Mieterhöhung zu prüfen, ob die tatsächliche Wohnfläche mit der des Mietobjektes einigermaßen übereinstimmt. Andernfalls kann sich im Laufe des Rechtsstreits herausstellen, dass die tatsächliche Wohnfläche sogar geringer ist als im Mietvertrag und im schlimmsten Fall könnte bei einer* **Unterschreitung von 10% sogar ein Mietminderungsanspruch** *in dieser Größenordnung für den Mieter entstehen. Dies wäre sogar innerhalb der Verjährungsfrist von 3 Jahren rückwirkend möglich. Zumindest wäre jedoch durch die Feststellung einer tatsächlich niedrigeren Wohnflächenanzahl im Rahmen der Nebenkostenabrechnung entsprechendes zu berücksichtigen.*

Weiterhin sind noch die Wohnungsmerkmale nach dem Mietspiegel zu ermitteln. Gem. § 558 BGB wird die ortsübliche Vergleichsmiete gebildet aus den üblichen Entgelten, die in der Gemeinde oder einer vergleichbaren Gemeinde für Wohnraum vergleichbarer **Art, Größe, Ausstattung, Beschaffenheit** und **Lage** in den letzten Jahren vereinbart war.

**PRAXISTIPP**

*Es empfiehlt sich grundsätzlich, die Merkmale des Mietspiegels der nächst größeren Stadt heranzuziehen, um die wesentlichen Wohnungsmerkmale zu ermitteln.*

Erhöht wird stets die **bisher gezahlte Kaltmiete**.

Es ist insoweit zunächst die Mietstruktur zu ermitteln:

Zu trennen ist einerseits zwischen einer Kaltmiete mit Nebenkostenvorauszahlungen oder einer separat ausgewiesenen Pauschale für die Nebenkosten und andererseits einer Bruttowarmmiete oder Teilinklusivmiete,

Die Mieterhöhung - Durchsetzung und Abwehr

welche die Nebenkosten ohne separate Ausweisungen in der Miete zumindest teilweise beinhaltet.

Bei der Teilinklusivmiete ist dann der Anteil für die Nebenkostenanteile rechnerisch herauszurechnen und auf die Nettomiete bei der Begründung der Mieterhöhung Bezug zu nehmen.

BEISPIEL

*Wenn laut Mietvertrag eine Teilinklusivmiete zum Beispiel in Höhe von Euro 600,00 vereinbart ist, muss zunächst ermittelt werden, welcher Anteil dieses Betrages auf die Nebenkosten entfällt. Dies kann ermittelt werden durch Einsicht in die Rechnungen zu den Nebenkosten des Objektes und Umlage auf die einzelne Wohnung. Prinzipiell muss also der Vermieter eine „interne" Nebenkostenabrechnung erstellen. Wenn dann in diesem Beispielsfall monatlich ein Anteil in Höhe von Euro 100,00 für die Nebenkosten ermittelt würde, wäre Basis für die Mieterhöhung eine Miete in Höhe von Euro 500,00.*

**PRAXISTIPP**

*Am letzten Beispiel wird deutlich, wie nachteilig die Vereinbarung einer Teilinklusivmiete für eine spätere Mieterhöhung ist. Im Falle eines Rechtsstreits muss nämlich ein Vermieter nicht nur die Voraussetzungen der Mieterhöhung beweisen, wie bei jeder Mieterhöhung, sondern der Vermieter muss auch noch gerichtlich die Angemessenheit der Ermittlung des Nebenkostenanteils durchsetzen. Der Mieter wird einwenden, dass der Nebenkostenanteil bei der Teilinklusivmiete höher ist, so dass der eigentliche Mietanteil niedriger ist. Hierdurch könnte der Mieter versuchen, durchzusetzen, dass die Kappungsgrenze von 20% bei einem niedrigeren Betrag liegt.*

Ausgangsmiete der Mieterhöhung ist die zuletzt vereinbarte Miete, welche 3 Jahre vor dem beabsichtigten Inkrafttreten der nun zu erstellenden Mieterhöhung liegt.

Läuft der Mietvertrag noch keine 3 Jahre, ist die Ausgangsmiete die Niedrigste seit Vertragsabschluss.

Weiter zu beachten ist die so genannte **Jahressperrfrist**.
Ein zu früh gestelltes Mieterhöhungsverlangen ist **unwirksam**.

Zu beachten ist, dass die Jahressperrfrist ab dem Wirksamwerden der letzten Mieterhöhung gilt.
Da eine Mieterhöhung nach Zustellung erst 3 Monate später wirksam wird, muss diese also **15 Monate** zuvor zugegangen sein.

Die Mieterhöhung - Durchsetzung und Abwehr

16

---

**PRAXISTIPP**

> *Teilweise lässt die Rechtsprechung Zuschläge zur ortsüblichen Miete zu. Zu nennen sind hier z. B.: Der Vermieter trägt die Schönheitsreparaturen. Teilgewerbliche Nutzung ist mietvertraglich zugelassen. Untervermietung ist erlaubt. Die Wohnung ist von Vermieterseite zumindest teilweise möbliert.*

Hierbei ist jedoch in der Praxis relativ schwierig zu ermitteln, inwieweit ein Zuschlag zur ortsüblichen Miete möglich ist.

**Zu den einzelnen Begründungsmöglichkeiten der Mieterhöhung:**

# Mietspiegel

Der Mietspiegel ist für den Vermieter die preisgünstigste Art der Begründung. Die Begründung mit einem Sachverständigengutachten hingegen ist kostenintensiv. Die Kosten hierfür liegen in der Regel schnell zwischen EUR 500,00 und maximal EUR 2.000,00 und sind **nicht erstattungsfähig**.

**PRAXISTIPP**

> *Zu warnen ist vor sogenannten "Kurzgutachten". Solche sind oftmals nicht ausreichend begründet und daher weitgehend wertlos.*

Es gibt verschiedene Arten von Mietspiegeln.

Die meisten sind in tabellarischer Form dargestellt.

Zu trennen ist wiederum zwischen dem einfachen Mietspiegel und dem qualifizierten Mietspiegel. Bei dem einfachen Mietspiegel ist allerdings **keine** Vermutung der Richtigkeit gegeben, anders als bei dem qualifizierten Mietspiegel.

Es handelt sich bei letzterem um einen Mietspiegel, welcher

\#.   nach anerkannten wissenschaftlichen Grundsätzen erstellt wurde,

\#.   von der Gemeinde oder den Interessenvertretern von Vermietern und Mietern anerkannt wurde und

Die Mieterhöhung - Durchsetzung und Abwehr

\#. nach zwei Jahren durch Stichproben oder Preisindex fortgeschrieben wurde und

\#. alle vier Jahre neu erstellt wird.

# Sachverständigengutachten

Sollte man dennoch einen Sachverständigen beauftragen wollen, so empfiehlt sich, einen solchen über die Industrie- und Handelskammer zu ermitteln und darauf zu achten, dass der Gutachter „öffentlich bestellt und vereidigt" sein sollte. Andernfalls ist das Gutachten für eine Mieterhöhung nicht anwendbar.

**PRAXISTIPP**

Sachverständige finden Sie unter www.ihk.de

Die folgenden Punkte sollten bei jeder Mieterhöhung geprüft werden:

- Sind sämtliche Vermieter und Mieter des Objektes genannt?  Sind z. B. auch bei der GbR alle Gesellschafter benannt?

- Ist ein Vertretungsverhältnis auf Absenderseite offen gelegt? Im Fall einer Vertretung ist unbedingt eine **Originalvollmacht** beizufügen. Andernfalls kann der Mieter die Mieterhöhung zurückweisen.

- Sind die Ausgangsmiete und die Höhe der geforderten Miete unter Berücksichtigung der Kappungsgrenze richtig angesetzt?

- Ist eine Begründung für die Mieterhöhung in nachvollziehbarer Weise dargestellt?

- Ist die Zustimmungserklärung zur Mieterhöhung aufgefordert worden?

- Ist die Textform eingehalten?

Der Mieterhöhungserklärung sollte im Falle einer Vertretung stets eine **Originalvollmacht** beigefügt werden.

Soweit die Mieterhöhung mit einem Sachverständigengutachten begründet wird, ist dieses in einfacher Kopie beizufügen.

Die Mieterhöhung - Durchsetzung und Abwehr

Im Falle der Begründung der Mieterhöhung mit Vergleichswohnungen ist die Liste der Vergleichswohnungen beizufügen. Die Liste muss die Wohnungen exakt bezeichnen. Teilweise fordert die Rechtsprechung, dass die Wohnung so genau bezeichnet wird, dass der Mieter sogar bei dem Mieter der Vergleichswohnung klingeln können muss.

Die Vergleichswohnung muss auch vergleichbar sein. Nicht vergleichbar sind zum Beispiel

* eine Souterrainwohnung und eine Dachgeschosswohnung,
* eine 1-Zimmer-Wohnung und eine 4-Zimmer-Wohnung,
* eine Wohnung an einer stark befahrenen Straße und eine in einer ruhigen Wohnlage etc.

# Reaktionsmöglichkeiten des Mieters - Gegenreaktion des Vermieters

Zunächst wird der Mieter sämtliche oben genannten Prüfungspunkte ebenfalls durch einen Rechtsanwalt oder einen Mieterschutzverein prüfen lassen.

Insoweit sind sämtliche Formalitäten einzuhalten und zu denken ist besonders an

* die richtige Wohnflächenangabe,
* richtige Einordnung im Mietspiegel bzw.
* Begründung durch Sachverständigengutachten oder Vergleichswohnung,
* der Nachweis des Zugangs,
* die Prüfung der Ausgangsmiete und
* die Nachvollziehbarkeit der Berechnung der Mieterhöhung.

Der Mieter kann, wenn das Mieterhöhungsschreiben formal in Ordnung ist, auch eine Teilzustimmung abgeben, wenn zum Beispiel lediglich teilweise falsch berechnet wurde.

Eine Teilzustimmung durch den Mieter kommt z. B. in Betracht, wenn die Kappungsgrenze nicht eingehalten wurde oder die Ausgangsmiete falsch berechnet wurde.

Zu berücksichtigen ist, dass gem. § 558 BGB der Vermieter lediglich die "Zustimmung" zur Mieterhöhung verlangen kann.

Die einfache Zahlung der Miete bedeutet nicht automatisch auch eine Zustimmung zur Mieterhöhung. Eine solche Zustimmung muss der Mieter ausdrücklich schriftlich erklären.

Die Mieterhöhung - Durchsetzung und Abwehr

19

**PRAXISTIPP**

*Soweit ein Mieter ohne die Zustimmungserklärung abzugeben einfach die höhere Miete entrichtet, ist hierin keine Zustimmung zur Mieterhöhung gegeben. Ein gut beratener Mieter könnte daher die Mieterhöhung einfach durch Zahlung umsetzen und nach Ablauf der Klagefrist des Vermieters die überzahlte Miete wieder verrechnen und lediglich die bisherige Miete weiter entrichten. Das Mieterhöhungsverlangen hätte sich dann erledigt und der Vermieter müsste ein komplett neues Mieterhöhungsverfahren durchführen. Es ist daher immer darauf zu achten, den Mieter auch wirklich zu einer ausdrücklichen schriftlichen Zustimmungserklärung zu bewegen. Am besten fügt man für den Mieter ein Doppel der Mieterhöhungserklärung mit der Bitte um Gegenzeichnung bei.*

**PRAXISTIPP**

*Grundsätzlich können Mietminderungsrechte eines Mieters bei Vorliegen von Mietmängeln verwirken, wenn dieser z. B. in Kenntnis eines Mangels die Miete ohne Vorbehalt über einen Zeitraum von über 6 Monaten weiter entrichtet. Wenn allerdings der Mieter einer Mieterhöhung zustimmt, führt dies dazu, dass Mietminderungsrechte wieder aufleben. Bei erheblich mangelbehafteten Objekten empfiehlt sich daher, vor Einleitung eines Mieterhöhungsverlangens eine sorgfältige Abwägung vorzunehmen, ob die Mieterhöhung nicht gegebenenfalls durch wieder auflebende Mietminderungsrechte kompensiert werden könnte.*

Das Zustimmungsverlangen nach § 558 BGB gibt gem. § 561 BGB dem Mieter die Möglichkeit einer Kündigung. Wenn also eine längere Mietvertragslaufzeit wirksam durch wechselseitigen Kündigungsverzicht vereinbart ist, könnte die Mieterhöhung dazu führen, dass der Mieter das Mietverhältnis aufgrund der Mieterhöhung kündigt. Auch dieses ist vor Einleitung eines Mieterhöhungsverlangens zu prüfen.

**PRAXISTIPP**

*Der Vermieter sollte also stets vor Erklärung einer Mieterhöhung prüfen, ob eine längere Mietzeit vereinbart ist und ob eine Kündigung des Mieters wegen einer Mieterhöhung dazu führen könnte, dass das Mietobjekt dann eventuell –je nach Marktlage- längere Zeit leer stehen könnte, wodurch die Erklärung der Mieterhöhung im Ergebnis zu erheblichem Schaden geführt hätte.*

# Umlage von Kosten baulicher Maßnahmen des Vermieters gem. § 559 BGB

Neben der Mieterhöhung auf die ortsübliche Vergleichsmiete als Anpassung der Miete auf das allgemeine Mietniveau kann der Vermieter auch die Miete nach Durchführung von Modernisierungsmaßnahmen erhöhen. Hintergrund dieser Regelung ist, dass der Gesetzgeber wohnwertverbessernde Maßnahmen unterstützt.

Mieterhöhungen nach Modernisierungen sind daher möglich, wenn der Vermieter Maßnahmen zur

- Verbesserung der Wohnqualität,
- Energieeinsparung oder
- Umsetzung gesetzlicher Verpflichtungen

durchführt.

Bei der **Wohnraummiete** ist eine Mieterhöhung nach § 559 BGB kraft Gesetzes durch einseitige Erklärung des Vermieters möglich.

In Abweichung hierzu muss bei **Gewerberaum** die Mieterhöhung nach Modernisierung **vertraglich vereinbart** werden, da die Vorschrift § 559 BGB nur auf Wohnraummietrecht anwendbar ist.

Eine Bezugnahme in Gewerberaummietverträgen auf Bestimmungen zur Miethöhe im Wohnraummietrecht ist nur als Individualvereinbarung zulässig und daher eng auszulegen.

**PRAXISTIPP**

*Es empfiehlt sich daher bei Gewerberaummietverträgen, die Mieterhöhung nach Modernisierung im Mietvertrag in einem eigenen Kapitel über die Miethöhe anzusiedeln und die entsprechenden Regelungen des Bürgerlichen Gesetzbuches hierbei durch Wiedergabe des vergleichbaren Gesetzestextes zu übernehmen, anstatt nur auf die Paragrafen zu verweisen.*

Es ist jedoch darauf zu achten, dass wegen der möglicherweise nicht gegebenen Wirksamkeit einer solchen allgemeinen Geschäftsbedingung hier auch das richtige Kapitel im Mietvertrag angesetzt wird.

BEISPIEL

*Z. B. eine Einordnung einer entsprechenden Regelung unter der Überschrift „Duldungspflicht" dürfte nicht ausreichen, da es sich hier dann um eine überraschende Klausel im Sinne der Vorschriften zu allgemeinen Geschäftsbedingungen (§ 305 c BGB) handeln würde und eine Unwirksamkeit gegeben wäre.*

Grundsätzlich sind die Regelungen des Wohnraummietrechts im Rahmen eines Gewerberaummietverhältnisses zulässig.

PRAXISTIPP

*Was im Wohnraummietrecht durch den Gesetzgeber ermöglicht ist, muss nach entsprechender Vereinbarung erst recht im Gewerberaummietrecht möglich sein, in welchem mehr Freiheiten gegeben sind. Es macht also bei der Verhandlung einzelner Regelungen in Gewerberaummietverträgen stets Sinn, Regelungen des Wohnraummietrechts im Blick zu behalten und unter Umständen zu übernehmen. Diese sind stets wirksam und halten jeder gerichtlichen Prüfung Stand.*

Es ist daher eine entsprechende Regelung entsprechend der Wohnraumgesetze zu empfehlen.

Bei Vorliegen einer entsprechenden Vereinbarung gilt das zum Wohnraummietrecht im späteren Verlauf Dargelegte bei Gewerberaummietverträgen entsprechend.

Die folgenden Modernisierungsmaßnahmen sollen eine kleine Übersicht geben. Diese Übersicht soll ohne Anspruch auf Vollständigkeit mögliche Modernisierungsmaßnahmen mit entsprechenden Mieterhöhungsmöglichkeiten aufzeigen:

- Anschluss an das Kabelnetz
- Erstmaliger Einbau einer Sammelantenne
- Sanierung der Außenfassade mit entsprechenden Energieeinsparungen bzw. Wärmedämmungen
- Erstmaliger Einbau eines Badezimmers oder sanitärer Einrichtungen
- Modernisierung von veralteten sanitären Einrichtungen z. B. bei Einbau einer bisher nicht vorhandene Innentoilette, eines Bades, einer Duschecke oder räumlichen Trennung von Bad und WC
- Ersetzen einer Sitzbadewanne durch eine Vollbadewanne
- Ergänzende Verfliesung des Bades bis zur Decke
- Erstmaliger Einbau eines Balkons
- Verbesserung von Belichtung und Belüftung z. B. durch Einbau von zusätzlichen Fenstern

Die Mieterhöhung - Durchsetzung und Abwehr

- Ersetzen eines vorhandenen Bodens durch Parkett, wenn es sich zum Beispiel vorher um Teppichboden gehandelt hat
- Eine Dachbodenisolierung, wenn hierdurch eine Energieeinsparung erfolgt
- Installationen einer Dunstabzugshaube in der Küche
- Einbau einer einbruchhemmenden Wohnungseingangstür
- Sanierung der Elektroinstallation, wenn dadurch für den Mieter eine höhere Stromentnahme möglich wird
- Einbau eines F I-Schalters
- Energiesparmaßnahmen im Allgemeinen z. B. Außenfassade, Dachbodenisolierung, Fenster, Heizung oder Einsparung von Strom
- Der Einbau eines Fahrstuhls
- Einbau einer Gegensprechanlage
- Einrichtung eines Trockenraumes, einer Waschküche oder eines Fahrradraumes, wenn diese Einrichtungen vorher nicht vorhanden waren
- Umstellung einer Ölheizung auf Gas, wenn Energieeinsparung hierdurch erfolgt oder von Kokszentralheizung auf Fernwärme, wenn entsprechende Energieeinsparung gegeben ist
- Einbau einer Zentralheizung statt Kohleöfen
- Fußleistenheizung
- Maßnahmen zum Anschluss an die gemeindliche Kanalisation
- Verbesserung der Kochmöglichkeiten, wenn der Gebrauchswert merkbar erhöht wird, z. B. bei einem Austausch eines dreiflammigen gegen einen vierflammigen Herd
- Verlegung von Leitungen unter Putz
- Neueinbau von Rollläden wegen Einbruchschutz und Schutz vor Sonneneinstrahlung
- Schaffung neuen Wohnraums
- Schallschutz (insbesondere Fenster)
- Spardrücker am WC wegen der Wassereinsparung
- Schaffung zusätzlicher Stellplätze
- Austausch alter Heizungsventile gegen Thermostatventile

Grundsätzlich ist also immer dann eine Mieterhöhung wegen Modernisierung gegeben, wenn eine Energieeinsparung oder die Erhöhung des Wohnwertes die Folge ist.

# Vorüberlegungen

Zunächst ist zu berücksichtigen, dass nur tatsächliche Modernisierungsmaßnahmen zu einer Mieterhöhung führen.

Abzugrenzen hiervon sind einfache Instandhaltungskosten bzw. Instandsetzungsmaßnahmen.

Gemäß § 535 BGB schuldet der Vermieter ein funktionierendes und mangelfreies Mietobjekt.

Der Austausch von Fenstern oder einer Gegensprechanlage, welche mangelhaft ist, führt daher zu keinem Mieterhöhungsanspruch.

Die Abgrenzung kann jedoch teilweise schwierig sein.

BEISPIEL

*Wenn zum Beispiel alte nicht isolierte Einfachglasfenster gegen Isolierglasfenster ausgetauscht werden, handelt es sich hier teilweise um Instandsetzungsarbeiten und zum anderen teilweise um Modernisierungsarbeiten.*
*Der Anteil der Instandsetzung für die alten Fenster ist daher rechnerisch aus den Gesamtkosten herauszurechnen und dann kann nur die Differenz als Mieterhöhung geltend gemacht werden.*

Es handelt sich in solchen Fällen um die so genannten „fiktiven Instandsetzungskosten".

Ein weiterer Streitpunkt ist bei baulichen Maßnahmen zur nachhaltigen Einsparung von Energie oder Wasser, ob solche Einsparungen tatsächlich zu erwarten sind bzw. eintreten und wenn ja in welcher Höhe.

Der Bundesgerichtshof hat klargestellt, dass es ausreichend ist, Tatsachen darzulegen, aus denen sich eine **dauerhafte** Energieeinsparung ergibt, was nicht unbedingt in Form einer umständlichen Wärmebedarfsberechnung erfolgen muss. (BGH, WuM 2002, 366).
Zu empfehlen ist eine Wärmebedarfsberechnung durch einen Architekten jedoch dennoch.

PRAXISTIPP

*Die Mietererhöhung nach § 558 BGB auf die ortsübliche Vergleichsmiete ist **neben** der Mieterhöhung nach Modernisierung gem. § 559 BGB möglich. Es empfiehlt sich daher, zunächst eine Mieterhöhung nach § 558 BGB durchzuführen und anschließend eine solche nach § 559 BGB. Hierbei ist jedoch auch die Kappungsgrenze zu berücksichtigen. Die sich ergebende Miete darf daher nicht höher sein als die Ausgangsmiete zuzüglich 20% hiervon, zuzüglich des Modernisierungszuschlages.*

Der Modernisierungszuschlag gem. § 559 BGB, führt dazu dass die jährliche Miete um 11% der für die Wohnung aufgewendeten Kosten erhöht werden kann.

**PRAXISTIPP**

*Die Mieterhöhung ist dauerhaft wirksam und nicht etwa nur für die Zeit, bis zu der durch die 11% Mieterhöhung die Modernisierungskosten amortisiert sind. Die Mieterhöhung wirkt **dauerhaft** weiter.*

# Die folgenden Aspekte sind bei einer Mieterhöhung wegen Modernisierung zu berücksichtigen:

Im Rahmen der Mieterhöhung wegen einer Modernisierung nach § 559 BGB sind sämtliche durchgeführte Maßnahmen zu bezeichnen und es ist zu begründen, inwieweit hierdurch eine Wertverbesserung, Energieeinsparung oder sonstige Änderung herbeigeführt wird.

- Es sind auch sämtliche aufgewendeten Kosten für jede einzelne Maßnahme möglichst detailliert darzustellen.
- Auch sind die einzelnen Rechnungspositionen der ausführenden Firmen darzustellen.
- Wichtig: Die im Rahmen einer Modernisierung (Beispiel: Ersatz alter Fenster durch Isolierglasfenster) ersparten bzw. enthaltenen Instandsetzungskosten sind in Abzug zu bringen.
- Der Verteilungsmaßstab ist darzustellen. Es ist darzulegen, inwieweit sich die Kosten auf die einzelnen Wohnungen verteilen.
- Hiernach ist dann nach diesem Verteilungsschlüssel die rechnerische Verteilung der Gesamtkosten auf die einzelnen Wohnungen und Zeiträume vorzunehmen.
- Nach Darstellung der bisherigen Miete ist dann der konkrete Erhöhungsbetrag darzustellen.
- Gegebenenfalls vereinnahmte öffentliche Förderungsbeträge sind in Abzug zu bringen.
- Für den Fall, dass durch die Modernisierungsmaßnahmen neue Mietnebenkosten entstehen, sind diese darzulegen.
- Zum Schluss ist noch die Angabe des Zeitpunkts notwendig, ab welchem die Erhöhung verlangt wird.

Im Einzelnen:

Die Durchführung mancher Modernisierungsmaßnahmen kann dazu führen, dass -z. B. bei der Installation eines Fahrstuhls oder einer neuen Heizung- Mietnebenkosten entstehen, welche zuvor nicht anfielen und daher nicht vereinbart waren.

Die Mieterhöhung - Durchsetzung und Abwehr

Soweit es sich um ein Wohnraummietverhältnis handelt oder im Rahmen eines Gewerberaummietvertrages entsprechende weit reichende vertragliche Regelungen gegeben sind, besteht ein Anspruch auf entsprechende Erhöhung der Betriebskostenvorauszahlung und die Möglichkeit einer entsprechenden Abrechnung.

**PRAXISTIPP**

*Zu empfehlen ist jedoch, die nach Durchführung von Modernisierungsmaßnahmen neu entstehenden Nebenkostenpositionen im Rahmen der Mieterhöhungserklärung bereits zu benennen.*

# Der Fälligkeitszeitpunkt für die Mieterhöhung

Eine Mieterhöhung wegen Modernisierung kann erst durchgeführt werden, wenn die Maßnahmen vollständig abgeschlossen sind.

Die Mieterhöhungserklärung selbst darf auch erst nach Fertigstellung der Wertverbesserungsmaßnahmen abgegeben werden.

**Die Erhöhungserklärung wirkt zum 1. des 3. Monats nach ihrem Zugang.**

**PRAXISTIPP**

*Ist dem Mieter die zu erwartende Mieterhöhung nicht in der Modernisierungsankündigung mitgeteilt worden oder überschreitet der geforderte Erhöhungsbetrag denjenigen aus der Modernisierungsankündigung um mehr als 10%, so tritt die Erhöhung gemäß § 559 b Abs. 2 S. 2 BGB erst 6 Monate später in Kraft. Es ist also bereits vor Einleitung der Modernisierungsmaßnahmen im Rahmen der Ankündigung eine möglichst exakte Schätzung der späteren Mieterhöhung vorzunehmen und diese entsprechend darzulegen.*

**PRAXISTIPP**

*Im Gegensatz zu § 558 BGB ist die Mieterhöhung bereits wirksam durch Abgabe. Eine Zustimmungserklärung wie im Rahmen der obigen Ausführungen hierzu ist hier nicht notwendig.*

**PRAXISTIPP**

*Auch das Mieterhöhungsverlangen nach § 559 BGB löst ein Sonderkündigungsrecht des Mieters gem. § 561 Abs. 1 BGB aus.*

Die Mieterhöhung - Durchsetzung und Abwehr

*Insoweit sollte auch bei der Überlegung zur Durchführung von Modernisierungsmaßnahmen zuvor gründlich geprüft werden, ob –je nach Marktlage- mit einer Kündigung des Mieters und darauf folgenden Leerstand gerechnet werden muss.*

# Die Durchsetzung der Modernisierung des Mietobjektes durch den Vermieter nach § 554 Abs. 2 BGB

In § 554 Abs. 2 BGB ist die **Durchsetzung einer Modernisierungsmaßnahme** geregelt, welche später gemäß § 559 BGB zu einer entsprechenden Mieterhöhung führen kann.

Geregelt wird also, inwiefern der Vermieter einen Mieter zur Not gerichtlich verpflichten kann, Modernisierungsmaßnahmen zu dulden, die später nach Durchführung zu entsprechenden Mieterhöhungen führen. Zahlreiche Mieter setzen sich nämlich gegen Modernisierungsmaßnahmen zur Wehr, da diese nicht in der Lage oder gewillt sind, die späteren Mieterhöhungen zu tragen. Erfolgreich wird eine solche Verteidigung des Mieters aber nur in Ausnahmefällen sein. Der Vermieter hat grundsätzlich das Recht, wertverbessernde oder modernisierende Maßnahmen durchzuführen. Wie bereits dargelegt, kann eine werterhöhende Maßnahme, z. B. durch Erhöhung des Wohnwertes einerseits oder andererseits durch Einsparung von Energie oder Wasser, dazu führen, dass eine Mieterhöhung durch den Vermieter durchgesetzt werden kann.

Im Folgenden wird behandelt, inwieweit der Vermieter im Vorfeld die Durchführung der Renovierungsarbeiten selbst gegebenenfalls erzwingen kann und inwieweit hierauf ein Anspruch besteht.

Gemäß § 554 Abs. 1 hat der Mieter sämtliche Maßnahmen zu dulden, die zur Erhaltung der Mietsache erforderlich sind. Gemeint sind im Rahmen dieser Vorschrift jedoch lediglich reine Reparaturarbeiten ohne Verbesserung des Wohnwertes oder der Konsequenz der Energieeinsparung etc..

§ 554 Abs. 2 BGB geht jedoch darüber hinaus.
Hier ist die Durchsetzung von **wertverbessernden** Maßnahmen geregelt.

Gemeint sind die oben schon benannten wohnwertverbessernden Maßnahmen, Maßnahmen zur Einsparung von Energie oder Wasser und zuletzt Maßnahmen zur Schaffung neuen Wohnraums.

Auch diese Maßnahmen sind vom Mieter grundsätzlich zu dulden.

Ob eine Maßnahme wertverbessernd ist, ist objektiv zu bestimmen und unabhängig vom konkreten Mietverhältnis.

Hier kann auf die oben unter den Ausführungen zu § 559 BGB gemachten beispielhaften Aufführungen verwiesen werden.

Gemischte Maßnahmen, welche zwischen die Begriffe der Instandhaltung und Reparatur einerseits und andererseits die der Modernisierung fallen, gehen zulasten des Vermieters.

BEISPIEL
····················································································

*Zu nennen sind hier reine Verschönerungsmaßnahmen wie z. B. Fassadenrenovierung oder der Austausch einer Holztür gegen eine Metalltür.*

Modernisierungsmaßnahmen nach § 554 Abs. 2 BGB hat der Vermieter dem Mieter spätestens **3 Monate vor Beginn** der Maßnahmen mitzuteilen. Hierbei sind die

- Art der Arbeiten,
- der voraussichtliche Umfang,
- der voraussichtliche Beginn und
- die zu erwartende Mieterhöhung (!)
- in schriftlicher Form

mitzuteilen.

Auch hier sollte an die **Beweisbarkeit der Zustellung** gedacht werden.

**PRAXISTIPP**

*Alle wichtigen Schriftstücke sind nachweislich zuzustellen. Dies gilt gleichermaßen für Kündigungen, wie auch für Abmahnungen oder Mieterhöhungen, bzw. Modernisierungsankündigungen. Nachweise für Zustellungen sind Einschreiben mit Rückschein (Einwurfeinschreiben genügt nicht), Empfangsbestätigungen, Zustellung per Boten (=Zeugen) und Zustellungen durch Gerichtsvollzieher.*

Eine unterbliebene oder unzureichende Mitteilung des Vermieters kann dazu führen, dass die Duldungspflicht des Mieters bezüglich der Maßnahme entfällt.

Bereits an dieser Stelle sollten im Ankündigungsschreiben die Modernisierungsmaßnahmen detailliert aufgeführt werden.

Die entsprechenden Arbeiten sind möglichst genau zu beschreiben.

Die Mieterhöhung - Durchsetzung und Abwehr

BEISPIEL

*Die Angaben bezüglich der Art der Maßnahmen sind beispielsweise in der Form durchzuführen, dass bei einer neuen Zentralheizung sowohl die Lage und Anzahl der Heizkörper, als auch deren Größe mitgeteilt werden muss. Teilweise wird sogar der Durchmesser der Heizungsrohre verlangt.*

Bezüglich des **zeitlichen Ablaufs** der Arbeiten ist dies so genau darzustellen, dass der Mieter wissen muss, wann die Handwerker in der Wohnung sein werden, damit dieser entsprechende Vorkehrungen treffen kann.

Insbesondere ist auch die voraussichtliche **Dauer** der Arbeiten mitzuteilen.

Bereits im Ankündigungsschreiben müssen die Kosten der Baumaßnahmen und bei mehreren Wohnungen der Verteilerschlüssel zur rechnerischen Prüfung einer späteren Mieterhöhung noch nicht mitgeteilt werden. Es genügt ein bezifferter Betrag ohne nähere Erläuterungen, da diese Voraussetzungen des Mieterhöhungsanspruchs selbst sind.

Es genügt also, wenn ein Erhöhungsbetrag angegeben wird.

Die Angabe eines Prozentsatzes der Mieterhöhung ist allerdings nicht ausreichend.

Gefordert wird teilweise auch die Angabe der Gesamtmiete nach der Erhöhung. Dies ist jedoch nicht unstreitig. Sicherheitshalber sollte dies jedoch wenn möglich ebenfalls erfolgen, um späteren Diskussionen vorzubeugen.

Nicht gefordert werden kann die möglicherweise zu erwartende Erhöhung der Betriebskosten. Dies dürfte faktisch kaum umsetzbar sein.

Stets ist auch das **Gebot der Wirtschaftlichkeit** zu berücksichtigen.

BEISPIEL

*Die Zumutbarkeitsgrenze kann für den Mieter deshalb dann überschritten sein, wenn zwar eine nachhaltige Einsparung von Heizenergie von 35% erteilt wird, die Kosten der baulichen Maßnahmen aber so erheblich sind, dass die Mieterhöhung die Einsparungen an Heizöl um mehr als 200% übersteigt.*

Die Mieterhöhung - Durchsetzung und Abwehr

In diesem Fall ist jedoch dennoch die Durchführung der Arbeiten zu dulden, der Einwand der Unwirtschaftlichkeit kann erst bei der später folgenden Mieterhöhungserklärung erhoben werden.

## Checkliste für die Ankündigung der Modernisierung nach § 554 Abs. 2 BGB

- Bei mehreren Vermietern müssen alle Vermieter die Ankündigung abgeben. Bei mehreren Mietern müssen alle Mieter angeschrieben werden.
- Die Ankündigungsfrist beträgt spätestens 3 Monate vor Beginn der Modernisierungsmaßnahmen.
- Die Ankündigung ist in Schriftform bzw. Textform gem. § 126 b BGB abzugeben
- Der Ankündigungsinhalt muss die Maßnahmen exakt beschreiben. Hierbei ist die Art der Maßnahme zu benennen, der voraussichtliche Umfang der Maßnahmen idealerweise durch Beifügung von Planskizzen, der voraussichtliche Beginn der Maßnahmen ist anzugeben mit einem möglichst genauen Datum, die voraussichtliche Dauer der Maßnahmen in ebenfalls möglichst genauer Form anzugeben und die zu erwartende Erhöhung der Miete als absoluter Eurobetrag (keine Prozentsätze).

**PRAXISTIPP**

*Der Mieter kann gemäß § 554 Abs. 4 S. 1 BGB Aufwendungsersatz fordern, wenn dieser infolge der Modernisierungsmaßnahmen Aufwendungen tätigen musste, soweit dies in einem angemessenen Umfang liegt.*
*So hat beispielsweise der Vermieter dem Mieter Kosten für die Auslagerung der Möbel zu zahlen, oder z. B. auch Hotelunterbringungskosten bei Unbewohnbarkeit der Wohnung. Solche Hotelunterbringungskosten sind aber nicht ersetzbar, wenn die Arbeiten nur kurz und tagsüber dauern. Kosten für Hotelrestaurantverpflegung sind dem Mieter nicht zu ersetzen, der ein Hotelapartment mit Küche angemietet hat. Solche Verpflegungskosten sind generell zu kürzen um einen Betrag, den der Mieter ohne die Maßnahmen im Rahmen seiner gewöhnlichen Lebensführung hätte aufwenden müssen. Auch Schönheitsreparaturen sind zu ersetzen, auch wenn diese zulasten des Mieters ohnehin fällig waren oder die Kosten von Mietmodernisierungen oder Anschaffungskosten für neue Einrichtungsgegenstände, allerdings gegen Abzug neu für alt.*

Hinsichtlich der Höhe eines Ersatzanspruchs werden für Eigenleistungen EUR 10,00 pro Stunde für angemessen gehalten.

Nicht ersetzt werden Kosten für das Zusammenstellen der Möbel durch den Mieter oder der Zeitaufwand für die Beaufsichtigung oder Überwachung der Arbeiten.

Zu beachten ist, dass der Mieter diesen Aufwendungsersatz und sogar einen Kostenvorschuss gem. § 554 Abs. 4 S. 2 BGB verlangen kann. Dies kann dieser sogar per einstweiliger Verfügung durchsetzen.

**PRAXISTIPP**

*Zu berücksichtigen ist bei der Kalkulation einer Modernisierungsmaßnahme auch der hieraus in der Regel resultierende Mietminderungsanspruch des Mieters gem. § 536 BGB. Erhebliche Bauarbeiten, wie z. B. die Aufstockung eines Hauses oder Abrissarbeiten am Dachstuhl können schnell zu Mietminderungsquoten von 50 bis 60% führen.*

# Sonderkündigungsrecht gemäß § 554 Abs. 3 S. 2 BGB

Dem Mieter steht bei der Ankündigung von Modernisierungsarbeiten wieder die Möglichkeit offen, von seinem Sonderkündigungsrecht Gebrauch zu machen.

Das Kündigungsrecht besteht dabei bis zum Ablauf des Monats, der auf den Zugang der Mitteilung folgt, und reicht außerordentlich zum Ablauf des nächsten Monats. In diesem Fall sind die nicht dringlichen Arbeiten zu unterlassen, sodass der Duldungsanspruch des Vermieters entfällt.
Dies gilt nicht für Bagatellmaßnahmen.

Gemäß § 554 Abs. 2 S. 2 und 3 BGB kann die Duldungspflicht für den Mieter auch entfallen, wenn die Maßnahme für den Mieter, seine Familie oder einen anderen Angehörigen seines Haushalts eine Härte bedeuten würde, die auch unter Würdigung der berechtigten Interessen des Vermieters und anderer Mieter in dem Gebäude nicht zu rechtfertigen ist.
Hier ist eine Interessenabwägung vorzunehmen.

PRAXISTIPP

*Dem Vermieter stehen gegen den Entfall der Duldungspflicht des Mieters die folgenden Möglichkeiten offen: Es kann dem Mieter der vorübergehende Aufenthalt etwa in einem Hotel angeboten werden, es kann auf die Mieterhöhung ganz oder zum Teil verzichtet werden oder noch nicht abgewohnte eigene Investitionen des Mieters können durch Zahlung abgelöst werden.*

In den folgenden Fällen wurde eine Duldungspflicht in jedem Falle **bejaht**:

- die Installation eines Außenfahrstuhls ist grundsätzlich zu dulden;
- der Einbau neuer Fenster innerhalb eines Tages ist auch in der kalten Jahreszeit hinzunehmen;
- Verlegearbeiten für Kabelfernsehen sind grundsätzlich zu dulden, auch wenn der Mieter zunächst einen solchen selbst hat verlegen lassen;
- das neue Verlegen von Be- und Entwässerungsleitungen unter Putz erhöht den Wohnkomfort;
- eine Examensvorbereitung eines Studenten ist kein Härtegrund, wenn die Arbeiten nur wenige Tage dauern und das Lernen anderswo möglich ist.

Eine Duldungspflicht wird grundsätzlich **verneint**:

- wenn eine schriftliche Ankündigung fehlt;
- die Arbeiten auch an Feiertagen und Sonnabenden, sowie täglich etwa ab 18:00 Uhr durchgeführt werden sollen;
- der Anbau eines bei Vertragsbeginn nicht vorhandenen Balkons ist vom Mieter dann nicht zu dulden, wenn er nicht **allgemein üblich** ist;
- der Einbau von Isolierglasfenster in einem Altbau kann unter Umständen dann nicht zu einer Duldungspflicht führen, wenn in einem Altbau die Gefahr der Feuchtigkeitsbildung an sich besteht oder wenn dies zu einem erhöhten Lüftungsbedarf führen würde, der die Zumutbarkeit für den Mieter überschreiten würde;
- stets zu berücksichtigen ist auch die gesundheitliche Situation des Mieters, welcher immer Vorrang vor Modernisierungsarbeiten zu gewähren ist;
- eine Duldungspflicht besteht nicht, wenn eine Mieterhöhung von mehr als 400% der Heizersparnis die Konsequenz wäre;
- wenn die Mieterhöhung nicht mitgeteilt wurde, entfällt die Duldungspflicht auch, wenn der Vermieter erklärte, der Mieter müsse für die Dauer des Mietvertrages keine höhere Miete bezahlen;
- und zuletzt ist eine Duldungspflicht verneint worden, wenn eine Mietmehrbelastung von 25 bis 30% des Nettoeinkommens einschließlich des Bezuges von Wohngeld für den Mieter gegeben wäre.

Regelmäßig unzumutbar sind Duldungsmaßnahmen, wenn die Mietwohnung nach Umgestaltung mit dem alten Vertragsgegenstand in keiner Weise mehr vergleichbar ist.

Wesentlich dürfte auch sein, dass eine Duldungspflicht entfällt, wenn die Modernisierungsmaßnahme lediglich der Aufteilung des Gebäudes in

Die Mieterhöhung - Durchsetzung und Abwehr

Wohnungseigentum durch die erforderliche Abgeschlossenheit dient, eine Verbesserung des Wohnobjektes nach den obigen genannten Kriterien der Energieeinsparung etc. jedoch nicht gegeben ist.

# Die Durchsetzung der Modernisierungsmaßnahme

Da eine Duldungspflicht des Mieters **erst nach rechtskräftiger Verurteilung gegeben** ist, besteht die Gefahr der erheblichen Verzögerung der Modernisierungsmaßnahmen.

Insoweit ist zunächst an eine einstweilige Verfügung des Vermieters gegen den Mieter auf Duldung der Modernisierungsmaßnahme zu denken.

Problematisch bei einstweiligen Verfügungen ist jedoch der Verfügungsgrund, also die Eilbedürftigkeit darzustellen.

Leider tendiert die Rechtsprechung dazu, **Eilbedürftigkeit nur in Ausnahmefällen** anzusetzen, da die Hauptsache durch die einstweilige Verfügung nicht vorweggenommen werden darf.

Dies bedeutet, dass in der Regel auch nur eine Klage auf Duldung in Anspruch kommt.

# Umlage von Betriebskostenerhöhungen gem. § 560 BGB

Neben der Mieterhöhung auf die ortsübliche Miete oder einer Mieterhöhung wegen verschiedener Modernisierungsmaßnahmen können sich auch Betriebskosten erhöhen.

In den letzten Jahren ist die Erhöhung der Betriebskosten immer wieder Gegenstand diverser Zeitungsartikel gewesen und so wird die Belastung eines Mietobjektes mit den Nebenkosten mittlerweile bereits als „zweite Miete" bezeichnet.

§ 560 BGB wird angewandt bei der Erhöhung von **laufenden Betriebskostenzahlungen**, also Betriebskostenpauschalen, welche monatlich gezahlt werden oder Betriebskostenvorauszahlungen, welche ebenfalls monatlich gezahlt werden, am Ende jedoch abgerechnet werden. Zu der Abrechnung der Betriebskosten erfolgt später noch eine weitere Ausführung.

Beleuchtet wird an dieser Stelle die monatliche Erhöhung der Betriebskostenpauschale bzw. Vorauszahlung.

Die Betriebskosten**pauschale** bedeutet im Gegensatz zur Betriebskosten**vorauszahlung**, dass der Mieter an den Vermieter einen monatlichen Pauschalbetrag zahlt, womit sämtliche Nebenkosten bei der Immobilie (in der Regel bis auf Stromkosten und Kabelfernsehen etc.) abgegolten sind.

Der Vorteil liegt für den Vermieter darin, dass dieser sich jährliche Nebenkostenabrechnungen mit entsprechenden anschließenden Diskussionen erspart.

Der Nachteil ist der, dass durch die Pauschale die Gefahr besteht, dass der Vermieter weniger einnimmt, als dieser Nebenkostenausgaben hat.

**PRAXISTIPP**

*Vor der Vereinbarung von Pauschalen ist zu warnen. Zunächst erscheint zwar der Aspekt verlockend, dass keine Nebenkostenabrechnungen erstellt werden müssen. Dagegen steht aber, dass die Mieter im Falle einer Vereinbarung von Pauschalen nicht zum Sparen angehalten sind. In der Regel wird der Verbrauch bei Heizungsenergie oder Wasser im Falle einer Pauschale deutlich höher sein, als bei einer Vorauszahlung. Der Vermieter läuft also Gefahr, dass die Pauschale nicht ausreichend ist, um die Kosten zu decken.*

**PRAXISTIPP**

*Ein weiterer Nachteil einer Pauschale liegt darin, dass die Betriebskosten stetig steigen. Im Laufe mehrerer Jahre ist also damit zu rechnen, dass die Pauschalen nicht mehr kostendeckend sind. Spätestens dann muss der Vermieter doch eine Nebenkostenabrechnung erstellen, um die Pauschale zu erhöhen.*

Im Rahmen des § 560 BGB ist eine **Erhöhung der Betriebskostenpauschale** möglich.

Hierfür ist jedoch ebenfalls eine Berechnung der Nebenkosten erforderlich, wie im weiteren Verlauf dargestellt wird.

Insoweit ist der Vorteil einer Nebenkostenpauschale fraglich.

Von der Nebenkosten**pauschale** ist die Nebenkosten**vorauszahlung** abzugrenzen.

Die Nebenkostenvorauszahlung wird monatlich lediglich als Vorauszahlung und sozusagen als Abschlagszahlung durch den Mieter vorgenommen.

Nach Ablauf eines Abrechnungszeitraums wird dann durch den Vermieter eine Abrechnung erstellt und ein eventuelles Guthaben zurückerstattet oder eine Nachzahlung gegebenenfalls nachgefordert.

*Die Nebenkostenpauschale dagegen erfordert zunächst keine Abrechnung.*

Sowohl im Wohnraum, als auch im Gewerberaumbereich ist eine Erhöhung der Betriebskostenpauschale gem. § 560 nur möglich, wenn dies entsprechend **im Mietvertrag vereinbart** ist. Zu beachten ist, dass bei einer vereinbarten Betriebskostenpauschale gem. § 560 Abs. 3 auch eine **Ermäßigung** der pauschalen Zahlungen möglich ist.

**PRAXISTIPP**

*Bei der Vereinbarung einer Pauschale anstelle einer Vorauszahlung ist im Falle der Veränderung von entstehenden Kosten nicht nur eine Erhöhung, sondern auch eine Reduzierung möglich. Auch insoweit ist eine Pauschale nicht lediglich von Vorteil.*

Zunächst ist eine vertragliche Vereinbarung über die Umlage der Nebenkosten notwendig. **Andernfalls scheidet eine Umlage gänzlich aus.**

Die Mieterhöhung - Durchsetzung und Abwehr

Ausreichend dürfte es sein, wenn im Mietvertrag festgelegt ist, dass z. B. „der Mieter neben der Miete folgende Betriebskosten gemäß Betriebskostenverordnung zu tragen hat:" An dieser Stelle sollte dann im Mietvertrag eine detaillierte Auflistung der einzelnen Kostenarten nach der Betriebskostenverordnung folgen.

Es empfiehlt sich allerdings, bei Wohnraummietverträgen lediglich allgemein auf die Betriebskostenverordnung mit den entsprechenden Vorschriften zu verweisen.

**PRAXISTIPP**

*Eine detaillierte Aufzählung einzelner Betriebskosten kann die Gefahr mit sich bringen, dass auch nur die exakt genannten Betriebskostenpositionen bei der Berechnung berücksichtigt werden können.*

Insoweit ist ein Verweis auf die entsprechenden gesetzlichen Regelungen sicherer.

Die eventuell anfallenden Nebenkosten unter der Position „sonstige Betriebskosten" sollten einzeln aufgeführt werden.
Dazu später mehr.

Soweit eine entsprechende Anpassung der Betriebskostenpauschale bzw. Nebenkostenvorauszahlung vereinbart ist und im Rahmen des Mietvertrages auch die einzelnen Positionen benannt sind bzw. eine Bezugnahme auf die Betriebskostenverordnung vorliegt, kann im Falle einer Kostensteigerung eine entsprechende Erhöhung der Pauschale bzw. Vorauszahlung erfolgen.

Die Erhöhung der Betriebskostenpauschale setzt voraus, dass der **Gesamtbetrag** der umlagefähigen Betriebskosten gestiegen ist.
Auf die einzelnen Betriebskostenpositionen kommt es in diesem Zusammenhang nicht an.
Es ist daher bei einer Erhöhung einer Pauschale der Gesamtkostenbetrag der Betriebskosten des Jahres anzusetzen und durch den Faktor 12 zu dividieren.
Zulässig ist dann eine Erhöhung um 10%, um weitere Steigerungen bereits abzufangen.

BEISPIEL

Die Mieterhöhung - Durchsetzung und Abwehr

*Die Formel lautet also:*

**Gesamtkosten p.a. : 12 * 1,10 = neue monatliche Pauschale**

Wesentlich bei der Erhöhung der Betriebskosten ist das **Gebot der Wirtschaftlichkeit**, welches in den letzten Jahren immer mehr an Bedeutung gewinnt.

Hiernach ist gemäß § 560 Abs. 5 BGB ausdrücklich festgelegt, dass bei Veränderungen von Betriebskosten der Grundsatz der Wirtschaftlichkeit zu beachten ist. Der Vermieter darf daher Betriebskosten, die nur wegen unsachgemäßer Bewirtschaftung entstehen, nicht umlegen.

Gemäß § 556 a Abs. 2 BGB kann der Vermieter bezüglich solcher Betriebskosten, deren **Verbrauch oder Verursachung** erfasst werden **einseitig auf eine verbrauchsabhängige Abrechnung umstellen.** Auf diese Weise kann ein Vermieter verschwenderische Mieter auch nachträglich noch durch eine verbrauchsabhängige Abrechnung zum sparsamen Gebrauch anhalten.

**PRAXISTIPP**

*Im Rahmen einer Erhöhung der Betriebskostenpauschale sind, wie oben bereits dargestellt, immer **sämtliche Vermieter und Mieter** anzugeben und auch eine Nachweisbarkeit der Zustellung ist zu gewährleisten.*

Sodann sind die vollständigen Betriebskosten, welche bisher angefallen waren und anschließend die vollständigen neuen Betriebskosten nach dem heutigen Stand anzugeben.

Hierbei müssen die Betriebskosten vollständig gegenübergestellt werden.

Bei den einzelnen Kostenarten sind diese detailliert anzuführen.

Auch der Erhöhungsbetrag ist anzugeben und die Begründung für die jeweilige Erhöhung bei den einzelnen Positionen.

Als nächstes hat ein Umlagemaßstab zu erfolgen, welcher oftmals dem Verbrauch bzw. der Verursachung entspricht oder ansonsten der Wohn- bzw. bei Gewerberaum der Nutzfläche.

Die Mieterhöhung - Durchsetzung und Abwehr

Ein **Vorwegabzug bei gewerblichen Mietobjekten** ist insbesondere bei der Grundsteuer und sämtlichen Positionen notwendig, welche bei gewerblichen Objekten eine andere Kostenverteilung nach sich ziehen, als bei Wohnraumobjekten. (Bsp.: Wasserverbrauch bei einem Friseursalon, Bäckerei etc.)

Der Hintergrund des Vorwegabzugs liegt darin, dass gewerbliche Objekte in einem Mehrparteienhaus oftmals höhere Nebenkosten produzieren, als Wohnungen. Ohne Vorwegabzug würden daher die Wohnraummieter mit überhöhten Nebenkosten belastet.

Gemäß § 560 Abs. 1 BGB ist dann noch der Wirkungszeitpunkt der Erhöhungserklärung mitzuteilen.

Die erhöhte Betriebskostenpauschale ist **zum übernächsten Monat** nach Zugang der Erhöhung fällig.

Grundsätzlich ist diese Mieterhöhungserklärung mit einer Abrechnung zu verbinden, wie bei einer normalen Nebenkostenabrechnung.

Insoweit kann auf die später folgenden Ausführungen zu den Betriebskostenumlagen verwiesen werden.

# § 557 Mieterhöhung nach Vereinbarung

§ 557 BGB lässt unabhängig von den für Wohnraum bereits geltenden gesetzlichen Mieterhöhungsmöglichkeiten auch ausdrückliche oder konkludente Vereinbarungen über eine einmalige Mieterhöhung zu.

Voraussetzung ist, dass eine solche Vereinbarung **nach Abschluss des Mietvertrages** getroffen wird.

**PRAXISTIPP**

*Insbesondere auch durch mehrfache Zahlungen eines vermieterseits vorgeschlagenen Betrages kann ein Einverständnis eines Mieters zur Mieterhöhung gesehen werden. Dies gilt auch bei § 558 BGB, welcher die Mieterhöhung auf das ortsübliche Mietniveau vorsieht. Hier ist in einer unwirksamen Mieterhöhung nach der Rechtsprechung ein Angebot auf eine Vertragsänderung zu sehen (streitig und kommt auf den Einzelfall an). Es sind aber viele Zahlungen eines Mieters nötig, um eine Annahme eines solchen Änderungsangebotes begründen. Feste Grenzen gibt es hierbei nicht, so dass es sich in solchen Fällen nur um eine Notargumentation handeln kann.*

**PRAXISTIPP**

*Zu berücksichtigen ist bei Mieterhöhungen nach Vereinbarung jedoch die Kündbarkeit von Mietverträgen welche aus § 550 BGB erfolgt. Hiernach gilt ein Mietvertrag, welcher für längere Zeit als ein Jahr nicht in schriftlicher Form geschlossen wurde, als auf unbestimmte Zeit geschlossen. Ein solcher auf unbestimmte Zeit geschlossener Mietvertrag ist dann mit gesetzlicher Frist **kündbar**. Insoweit ist bei nicht schriftlich geschlossenen Mietverträgen, welche diese Voraussetzung erfüllen, eine Kündigungsmöglichkeit gegeben. Aus der Sicht eines Vermieters bei Gewerberaum, welcher das Mietverhältnis erhalten möchte, ist eine solche konkludente Zustimmung zu einer Mieterhöhung daher mit der **Gefahr einer Kündbarkeit** des Mietvertrages verbunden. In diesem Falle sollte daher bei Vorliegen einer mietvertraglichen Schriftformklausel oder im Falle einer möglichen Kündbarkeit des Vertrages eine schriftliche Zustimmung des Mieters ausdrücklich verlangt werden. Weitere Ausführungen hierzu weiter unten zum Thema Schriftform.*

Eine Mietänderung gem. § 557 BGB entsteht durch ein **Angebot** zur Änderung des Vertrages und durch **Annahme**.

Eine Änderung der Miete kann unabhängig von den Regelungen des § 558 BGB jederzeit erfolgen.

Die Mieterhöhung - Durchsetzung und Abwehr

Eine Bindung an die 12- oder 15-Monatsfrist des § 558 Abs. 1 BGB ist daher nicht gegeben. Auch ist die Kappungsgrenze von 20% innerhalb von 3 Jahren nicht anwendbar.

Das Angebot zur Mieterhöhung ist grundsätzlich formfrei möglich.

**PRAXISTIPP**

*Vor jeder Mieterhöhung, welche hohe formale Hürden mit sich bringt, sollte daher immer zunächst versucht werden, mit dem Mieter einfach eine Änderung der Miete zu vereinbaren. Man erspart sich so ein aufwendiges Mieterhöhungsverfahren, man kann die Miete bereits vor Ablauf der Jahresfrist erhöhen und es gilt keine Kappungsgrenze.*

Auch ein unwirksames Mieterhöhungsverlangen z. B. nach § 558 BGB stellt in der Regel zugleich ein Angebot auf Abschluss eines Änderungsvertrages dar. Dies gilt selbst für ein unwirksames Mieterhöhungsverlangen. Insoweit kann auch bei einem unwirksamen Mieterhöhungsverlangen die mehrfache Zahlung der höheren Miete durch den Mieter zu einer Mieterhöhung führen. Hier ist die Rechtsprechung jedoch uneinheitlich, weshalb diese Konsequenz zumindest bei Zustimmung zu einem unwirksamen Mieterhöhungsverlangen Anwendung findet.

Die auf Abschluss einer Mietabänderungsvereinbarung gerichtete Willenserklärung kann unter Umständen auch widerrufen werden, wenn es sich um ein sogenanntes **Haustürgeschäft** gehandelt hat. Hintergrund eines solchen Haustürgeschäftes ist z. B. der unangemeldete Besuch des Vermieters beim Mieter mit dem Ziel einer Vereinbarung über eine Mieterhöhung. In der Praxis ist daher Vorsicht geboten, wenn Verhandlungen in den Räumen des Mieters stattfinden.

Das Widerrufsrecht bei solchen Haustürsituationen ist in § 312 BGB geregelt. Die Frist für den Widerruf einer solchen Erklärung für den Mieter beträgt 2 Wochen. Voraussetzung ist allerdings, dass der Mieter in einer deutlich gestalteten Belehrung über sein Widerrufsrecht belehrt worden ist (§ 355 Abs. 2 BGB). Bei fehlender Belehrung ist der Widerruf unbefristet möglich. Der Vermieter kann allerdings die Belehrung nachholen. Dann allerdings beträgt die Widerrufsfrist für den Mieter einen vollen Monat.

Die Mieterhöhung - Durchsetzung und Abwehr

Allerdings unterliegt auch die Mieterhöhung nach Vereinbarung gesetzlichen Grenzen. Es gilt z. B. die Vorschrift des § 134 BGB (Verstoß gegen ein gesetzliches Verbot).

Eine Miete, welche mehr als 20% über den ortsüblichen Entgelten liegt, verstößt z. B. gegen § 5 des Wirtschaftsstrafgesetzes.

Bei 50% oberhalb der ortsüblichen Vergleichsmiete ist gem. § 291 StGB bezüglich des übersteigenden Teils Teilnichtigkeit gegeben.

# Staffelmieterhöhung gem. § 557 a BGB

## Voraussetzungen der Wirksamkeit einer Staffelmietvereinbarung nach § 557 a BGB

- Die Vereinbarung muss schriftlich getroffen werden. Dies ist bereits dem Gesetzestext zu entnehmen.
- Die gestaffelte Miete oder deren jeweilige Höhe, muss betragsmäßig ausgewiesen sein.
- Unzulässig sind prozentuale Angaben.
- Die vereinbarte Miete muss jeweils mindestens 1 Jahr lang unverändert bleiben.
- Nach aktueller Rechtslage ab 1. September 2001 (Mietrechtsreform), gibt es für Staffelmietvereinbarungen keine zeitlichen Grenzen mehr.

Grundsätzlich ist allerdings vor Vereinbarung einer Staffelmiete grundsätzlich zu überlegen, welche Vor- und Nachteile diesbezüglich bestehen.

- Zu berücksichtigen ist z. B., dass die Vereinbarung während ihrer Laufzeit **Mieterhöhungen nach §§ 558 bis 559 b BGB ausschließt.** Da diese Vorschriften jedoch direkt nur bei Wohnraummietverträgen gelten, ist dieser Aspekt für Gewerberaummietverhältnisse zu vernachlässigen. Im Rahmen des Wohnraummietrechts sind jedoch Veränderungen bei Betriebskostenerhöhungen weiterhin möglich, da hierdurch nicht die Nettomiete umfasst ist.
- Vorteilhaft ist, dass der Vermieter nicht regelmäßig die Mietentwicklung überprüfen muss und jedes Mal gegebenenfalls den umständlichen Weg einer Mieterhöhung nach z. B. § 558 BGB auf die ortsübliche Miete durchführen muss.
- Vorteilhaft ist auch, dass die ansonsten bei Mieterhöhung bestehenden Sonderkündigungsmöglichkeiten des Mieters bei Staffelmietvereinbarungen nicht gegeben sind.
- Weder die fünfzehnmonatige Wartefrist des § 558 BGB bis zum Eintritt der Mieterhöhung ist abzuwarten, noch ist die Kappungsgrenze von 20% in 3 Jahren hier anwendbar.
- Den Vorteilen der einfachen Mieterhöhungen und der Kalkulierbarkeit steht entgegen, dass möglicherweise die Prognose über die Entwicklung der ortsüblichen Mieten fehlerhaft sein kann.
- Im Bereich des Wohnraummietrechts führt eine Staffelmietvereinbarung dazu, dass das Kündigungsrecht des Mieters gem. § 557 a Abs. 3 BGB für höchstens 4 Jahre seit Abschluss der Staffelmietvereinbarung ausgeschlossen werden kann.
- Zu berücksichtigen ist, dass zugunsten des Mieters im Wohnraummietrecht auch bei einer Staffelmietvereinbarung § 5 Wirtschaftsstrafgesetz anwendbar ist. Die jeweils geltende Miethöhe darf also der Höhe nach die ortsübliche Vergleichsmiete nicht um mehr als 20%, bzw. 50% übersteigen.

## Staffelmiete und Gewerberaum:

Die Grenzen des § 557 a BGB (Staffelmiete bei Wohnraum) gelten allerdings bei Gewerberaum nicht.

Durch die Staffelmietvereinbarung werden im Gewerberaummietrecht spätere Mietsteigerungen bereits bei Vertragsabschluss im Voraus festgelegt. Eine Mieterhöhung tritt dann jeweils automatisch in Kraft.

Im Gewerberaum können auch Staffelmietvereinbarungen von einem Zeitraum über 10 Jahre hinaus vereinbart werden. Mieterhöhungen können auch neben einer Staffelmietvereinbarung vorgenommen werden und auch die Voraussetzungen im Bereich des Wohnraummietrechts, dass die Miete jeweils mindestens ein Jahr unverändert bleiben muss und betragsgemäß ausgewiesen sein muss, gilt nicht im Gewerberaum.

# Indexmieterhöhung gem. § 557 b BGB

Neben der Staffelmietvereinbarung kann bereits im Rahmen des Mietvertrages gemäß § 557 b BGB eine Vereinbarung getroffen werden, dass sich die Miete entsprechend dem „Preisindex für die Lebenshaltung aller privaten Haushalte in Deutschland" (= Verbraucherpreisindex) entwickelt.

Die Vorschrift des § 557 b BGB gilt direkt nur für Wohnraummietverträge.

Für Gewerberaummietverträge hat sich durch die Mietrechtsreform des Jahres 2001 nichts geändert. Insoweit wird auf die Möglichkeiten der automatischen Mieterhöhung bei Gewerberaum z. B. durch Wertsicherungsklauseln, Spannungsklauseln und Erhöhungsklauseln später eingegangen.

Bei Gewerberaummietverhältnissen richtet sich die Zulässigkeit von Indexklauseln nach dem Preisangaben- und Preisklauselgesetz (PaPkG) sowie der Preisklauselverordnung vom 23. September 1998. Im Gewerberaummietrecht ist danach eine **Genehmigung einer Indexklausel** weiter notwendig. Diese wird jedoch gemäß § 4 Preisklauselverordnung regelmäßig fingiert. Der wesentliche Unterschied besteht seit der Mietrechtsreform darin, dass Wohnraummietverträge seit 1. September 2001 auch indexiert werden können, sofern eine Laufzeit von weniger als 10 Jahren vorgesehen ist. Bei Gewerberaummietverträgen ist eine Indexierung dagegen nur bei einer Laufzeit von mindestens 10 Jahren oder einem entsprechenden Optionsrecht möglich.

Das Mietrechtsreformgesetz hat § 4 Preisklauselverordnung nicht geändert.

| PRAXISTIPP |
| --- |

*Es gilt also seit dem 1. September 2001 (Mietrechtsreform) die im Mietrecht sehr ungewöhnliche Situation, dass Indexierungsklauseln im Wohnraummietrecht jetzt großzügiger möglich sind, als im Gewerberaummietrecht.*

Dies ist insoweit unüblich, als dass der Wohnraummieter in der Regel als schutzwürdig gilt, wohingegen bei Gewerberaummietern angenommen wird, dass diese mit dem Vermieter „auf Augenhöhe" stehen.

Die Wirksamkeitsvoraussetzungen der Indexklausel im Wohnraumbereich:

Seit der Mietrechtsreform vom 1. September 2001 darf bei Indexklauseln nur noch auf den **Preisindex für die Lebenshaltung aller privaten Haushalte in Deutschland** Bezug genommen werden.

Nach altem Recht musste die Laufzeit eines Vertrages mit Indexklausel mindestens 10 Jahre betragen und der Vermieter musste für diesen Zeitraum auf das Recht zur ordentlichen Kündigung verzichtet haben.

**PRAXISTIPP**

*Nach aktueller Rechtslage ist diese Beschränkung nicht mehr anwendbar, sodass die Vertragslaufzeit beliebig vereinbart werden kann, und vor allem auch Kombinationen mit anderen Mieterhöhungsvarianten möglich sind.*

Für Mietvereinbarungen gilt die Schriftform § 550 BGB (Achtung: Kündigung bei Verstoß gegen die Schriftform denkbar)

Wesentlichkeitsvoraussetzung einer wirksamen Indexklausel ist, dass der Text nicht nur Erhöhungen, sondern **auch Senkungen** vorsehen muss. Anwendbar ist bei Mietverträgen stets die Thematik der allgemeinen Geschäftsbedingungen.

Hiernach müssen Klauseln in allgemeinen Geschäftsbedingungen, worunter auch Mietverträge fallen, verständlich sein und dürfen auch nicht überraschend sein.

Insoweit ist bei Formularmietverträgen das Transparenzgebot zu berücksichtigen und die Klausel muss eindeutig verständlich formuliert sein.

**PRAXISTIPP**

*Beispiel für eine wirksame Vertragsklausel:*

„Die monatliche Miete von 400 € verändert sich im gleichen Verhältnis, in dem sich ab Vertragsbeginn jeweils der vom statistischen Bundesamt festgesetzte Preisindex für die Lebenshaltung aller privaten Haushalte in Deutschland gegenüber seinem Stand von 1995 gleich 100 Punkte verändert. Von Erhöhungen nach §§ 559 bis 560 BGB abgesehen, kann eine entsprechende Anpassung der Miete frühestens zum Ablauf eines Jahres verlangt werden, wobei die Berechnung jeweils den für

Die Mieterhöhung - Durchsetzung und Abwehr

den 2. Monat vor der jeweils fälligen Mietzahlung festgestellten Monatsindex zugrunde zu legen hat."

# Nachteile einer Indexmiete:

Die Erhöhung tritt nicht automatisch in Kraft, sondern muss durch eine Mieterhöhungserklärung umgesetzt werden. Insbesondere sind Streitigkeiten bezüglich einer Mieterhöhung vorprogrammiert, da die Klauseln dem normalen Mieter nicht sofort verständlich sind.

Auch bei einer Indexmietvereinbarung sind Mieterhöhungen nach § 558 BGB oder 559 BGB (Anpassung an die ortsübliche Miete und Mieterhöhung wegen Wertverbesserungsmaßnahmen) nicht mehr möglich. Eine Einschränkung gilt insoweit, als dass Mieterhöhungen gem. § 559 BGB für bauliche Änderung, die der Vermieter **nicht zu vertreten** hat (!) und die Weitergabe von Betriebskostenveränderungen gem. § 560 BGB möglich sind.

PRAXISTIPP

*Achtung: Durch langjährige Nichtausübung von Anpassungen kann die Anpassungsmöglichkeit Für den Vermieter verwirkt werden.*

Eine Kappungsgrenze gilt nicht. Auch hier gelten § 5 WiStG und die Regelungen bezüglich einer Überhöhung von mehr als 50%.

# Schwerpunkt Gewerberaummietrecht

## Grenzen in der Miethöhe

In der Gewerberaummiete sind die Parteien grundsätzlich frei, über die Höhe der Miete selbst zu bestimmen. Die bei der Wohnraummiete zum Schutz der Mieter gegebene Preisbindung ist im gewerblichen Bereich nicht anwendbar.

Der Straftatbestand des § 5 WiStG gilt nicht für den Bereich der Gewerberaummiete.

Allerdings ist auch im Rahmen des gewerblichen Bereichs eine Begrenzung gegeben durch den Tatbestand des Wucherverbotes gem. § 138 BGB.

Die Konsequenzen sind jedoch auch im Bereich des gewerblichen Mietrechts teilweise dramatisch.

Soweit der Tatbestand des Mietwuchers erfüllt ist, ist nämlich nicht nur die einzelne Klausel unwirksam, sondern **das gesamte Mietverhältnis ist nichtig.**

Diese Nichtigkeit wirkt zurück auf den Zeitpunkt des Vertragsabschlusses, sodass der Vertrag zu keiner Zeit wirksam zustande gekommen ist.

Die bis dahin gezogenen Leistungen sind zurück abzuwickeln und für den Zeitraum der Gebrauchsüberlassung schuldet der Mieter nicht die vereinbarte überhöhte Miete, sondern lediglich eine Nutzungsentschädigung in Höhe der ortsüblichen Marktmiete.

Für die Anwendung des § 138 BGB ist jedoch nach dem BGH ein objektives und ein subjektives Element notwendig.

**Objektiv** muss ein auffälliges Missverhältnis zwischen Leistung und Gegenleistung bestehen.

Aus **subjektiver** Hinsicht müssen weitere sittenwidrige Umstände hinzukommen, wie etwa eine „verwerfliche Gesinnung" des Vermieters.

Das objektive Element des „auffälligen Missverhältnisses zwischen Leistung und Gegenleistung" ist bei dem Gewerberaummietverhältnis nach der Rechtsprechung gegeben, wenn die ortsübliche Marktmiete um **100%** überstiegen wird.

Die Mieterhöhung - Durchsetzung und Abwehr

Allein diese hohe Grenze zeigt bereits, dass die Freiheiten im gewerblichen Bereich deutlich größer sind, als im Wohnraumbereich.

In subjektiver Hinsicht ist die Voraussetzung erfüllt, wenn die Ausnutzung wirtschaftlicher Unerfahrenheit des Vertragspartners durch den objektiv Begünstigten hinzukommen.

Soweit keine subjektiven Anhaltspunkte für eine entsprechende Voraussetzung gefunden werden, hat die Rechtsprechung in einigen Fällen auf eine entsprechende verwerfliche Gesinnung aus objektiven Merkmalen geschlossen. Im Ergebnis ist das subjektive Element nicht so bedeutsam, wie das objektive Element.

Die Voraussetzung der Sittenwidrigkeit bzw. des Wuchers ist gegeben **auch ohne subjektives Element**, wenn eine Überschreitung der ortsüblichen Miete um **200%** und mehr gegeben ist.

Zusammenfassend kann daher gesagt werden, dass bei einer Überschreitung von mehr als 100% der ortsüblichen Miete noch subjektive Merkmale hinzukommen müssen, bei einer Überschreitung von 200% der ortsüblichen Miete ist dies nicht mehr notwendig.

## Arten von Mietvereinbarungen im Gewerberaum

Beim Gewerberaummietrecht muss die vereinbarte Miete im Mietvertrag nicht ausdrücklich in einem Geldbetrag genannt sein.

Ausreichend ist, wenn die Miethöhe aus dem Vertrag heraus **bestimmbar** ist.

BEISPIEL
..........................................................................................

*So ist z. B. die Benennung von Quadratmetermieten möglich. Dies wäre z. B. denkbar bei einer „Vermietung vom Reißbrett", wenn also nach Planunterlagen vermietet wird und das Objekt selbst bei Vertragsabschluss noch nicht erstellt war. In einem solchen Fall muss jedoch im Mietvertrag die Berechnungsmethode für die Ermittlung der Mietfläche festgelegt sein.*

Zu denken wäre auch noch an die Vereinbarung einer "Marktmiete".

Die Mieterhöhung - Durchsetzung und Abwehr

# Umsatzmiete

Bei Laden- und Hotelmieten ist auch die Vereinbarung einer Umsatzmiete üblich. Bei Einkaufszentren ist dies sogar die Regel.

Hierbei wird ein bestimmter Prozentsatz des vom Mieter in dem Objekt erwirtschafteten Umsatzes als Miete an den Vermieter weitergereicht.

**PRAXISTIPP**

*Bei einer Umsatzmiete ist zu überlegen, ob der Vorteil der Chancen an einer Partizipation an einem guten Mietzins den Nachteil des anteiligen Risikos an einem schlechten Umsatz für den Vermieter aufwiegt.*

**PRAXISTIPP**

*Gegebenenfalls kann die Vereinbarung einer Umsatzmiete jedoch ein gutes Argument für eine Vermietung des Objektes sein. Ein Mieter kann hierdurch das Risiko geringer Umsätze durch eine dann wenigstens niedrigere Miete teilweise kompensieren. Interessant wäre eine Umsatzmiete daher vor allem für Existenzgründer.*

Eine solche Umsatzmiete ist grundsätzlich sogar in Formularmietverträgen im Gewerberaumbereich möglich.

**PRAXISTIPP**

*Zu denken ist jedoch bei einer Vereinbarung einer Umsatzmiete daran, stets auch eine **Mindestmiete** zu verlangen. Andernfalls würde der Vermieter auch wirtschaftliche Fehlentscheidungen des Mieters bis hin zum völligen Mietausfall mitzutragen haben.*

Von großer Bedeutung ist, bei einer vertraglichen Vereinbarung auch festzulegen, ob voeliegend Nettoumsatz oder Bruttoumsatz gemeint ist.

Im Falle der Vereinbarung einer Umsatzmiete sind auch **Kontrollrechte** des Vermieters im Vertrag zu regeln.

Für die Kontrolle ist in der Regel die Einsicht in die Geschäftsbücher zu gewähren und die üblichen Belege sind vorzulegen.

Grundsätzlich ist es sinnvoll, die Kontrolle der Umsätze einem Wirtschaftsprüfer zu überlassen. Dies muss dann auch im Mietvertrag entsprechend vereinbart werden.

Die Mieterhöhung - Durchsetzung und Abwehr

Weiterhin ist zu empfehlen, dass der Vermieter Vorauszahlungen in z. B. monatlichen oder quartalsweisen Zeiträumen vereinbart und parallel hierzu regelmäßige Abrechnungen zu erfolgen haben.

Von wesentlicher Bedeutung ist bei der Vereinbarung einer Umsatzmiete auch die Vereinbarung einer **Betriebspflicht**.

Ohne eine Vereinbarung einer Betriebspflicht ist der Mieter nicht verpflichtet, den Betrieb aufrechtzuerhalten.

Auch zur Reduktion eines solchen Risikos ist eine Mindestmiete sinnvoll.

# Mieterhöhungsmöglichkeiten im Gewerberaummietrecht

Die im Wohnraumbereich bereits erörterten Mieterhöhungsmöglichkeiten gemäß §§ 558, 559, 560,5 57, 557 a und 557 b BGB sind grundsätzlich Vorschriften des Wohnraummietrechts.

Diese können per Vertrag teilweise auch für ein Gewerberaummietverhältnis vereinbart werden, weshalb dann die bisherigen Ausführungen auch für das Gewerberaummietrecht entsprechend gelten.

Üblich sind jedoch im Gewerberaummietrechtsbereich Vereinbarungen der **Staffelmiete** und **Wertsicherungsklauseln**.

Die Vorschrift des 558 BGB zur Erhöhung der Miete auf die ortsübliche Miete lässt sich wegen der Ausführungen innerhalb dieser Vorschrift zum vergleichbaren **Wohn**raum etc. nicht übertragen.

Anderes gilt jedoch für die Kosten baulicher Maßnahmen, Betriebskostenerhöhungen, einvernehmliche Mieterhöhungen und Staffelmietvereinbarungen.

Insoweit ist die Staffelmietvereinbarung im Rahmen des Gewerberaummietrechts des Öfteren anzutreffen.

Die Vorteile einer Staffelmietvereinbarung liegen in

* der besseren Vorausberechenbarkeit der Miete,
* der Vermeidung späterer Neuverhandlungen oder Unstimmigkeiten und
* der Möglichkeit, die jeweiligen Mietbeträge direkt einzuklagen und nicht noch zunächst eine Zustimmung einholen zu müssen.

Abweichend zum Wohnraummietrecht ist es bei Gewerberaummietverträgen zulässig, die einzelnen Erhöhungsschritte in **prozentualen** Erhöhungen der Grundmiete auszuweisen.

**PRAXISTIPP**

*Es empfiehlt sich jedoch auch in gewerblichen Mietverträgen, die einzelnen Erhöhungsschritte betragsmäßig zu beziffern, um späteren Streit zu vermeiden.*

Zusätzlich zur Staffelmiete kann eine Wertsicherung durch Indexierung vereinbart werden.

Beide Formen der Mietanpassung schließen sich nicht gegenseitig aus. Allerdings ist im Einzelfall zu prüfen, ob diese sinnvoll nebeneinander eingesetzt werden können.

Bei der Staffelmiete sind wie bei sämtlichen Mieterhöhungsmaßnahmen als Grenzen der Miethöhe beim Gewerberaummietrecht lediglich die verschiedenen Wucherverbote zu beachten.

Die im Rahmen von Wohnraummietverträgen geltenden Beschränkungen der Staffelmiete, wie etwa Kündigungsausschluss für nicht mehr als vier Jahre und eine Gesamtlaufzeit der Mietstaffelvereinbarung von nicht mehr als 10 Jahren, gelten für die Gewerberaummiete **nicht**.

# Wertsicherungsklauseln

Sinn von Wertsicherungsklauseln ist, das ursprüngliche Wertverhältnis zwischen Mieter und Vermieterseite zu erhalten, beispielsweise inflationsbedingte Verschiebungen auszugleichen. Eine **Erhöhung der Rendite ist hierdurch für den Vermieter nicht verbunden**, sondern lediglich die Vermeidung inflationsbedingter Nachteile.

Die Mietvertragsparteien können schriftlich vereinbaren, die Miete durch den vom statistischen Bundesamt ermittelten Verbraucherpreisindex für Deutschland zu bestimmen.

Dies entspricht auch der Definition der Indexmiete des § 557 b Abs. 1 BGB, welcher für den Wohnraummietrechtsbereich gilt.

Dieser Begriff der Indexmiete kann allerdings auch im Gewerberaummietrecht verwendet werden.

Die Mieterhöhung - Durchsetzung und Abwehr

Die Zulässigkeit von Wertsicherungsklauseln im Gewerberaummietrecht richtet sich nach der Preisklauselverordnung (PreisklauselVO). Diese wiederum hat ihre Ermächtigungsgrundlage in § 2 Preisangaben- und Preisklauselgesetz.

Entsprechende Klauseln können auch formularmäßig vereinbart werden.

Die Wertsicherung bezieht sich grundsätzlich auf die **Nettomiete**.

Im Einzelnen zu den Wertsicherungsklauseln im Gewerbemietrecht:

**1. Gleitklausel mit automatischer Mietanpassung**

Es wird zwischen **echten** und **unechten** Gleitklauseln entschieden. Soweit sich die Miete aufgrund der Wertsicherungsklausel automatisch ändert, spricht man von einer echten Gleitklausel, andernfalls von einer unechten Gleitklausel. Bei der in § 557 b Abs. 1 BGB für Wohnraummietverträge festgelegten Indexmiete handelt es sich um eine solche echte Gleitklausel.

Solche echten Gleitklauseln sind in der Gewerberaummiete anders als im Wohnraumbereich **genehmigungspflichtig**. Die Genehmigung wird von dem Bundesamt für Wirtschaft und Ausfuhrkontrolle (BAFA) in Eschborn erteilt. Adresse: Bundesamt für Wirtschaft und Ausfuhrkontrolle (BAFA), Frankfurter Str. 29 - 35, 65760 Eschborn

Es greift jedoch eine Erleichterung insofern, als dass gem. § 4 PrKV die Genehmigung des BAFA für Gewerberaummietverträge bei echten Gleitklauseln fingiert wird für den Fall, dass die Entwicklung des Miet- oder Pachtzinses durch die Änderung eines von dem statistischen Bundesamt oder einem statistischen Landesamt ermittelten Preisindex für die gesamte Lebenshaltung oder eines vom statistischen Amt der europäischen Gemeinschaft ermittelten Verbraucherpreisindexes bestimmt werden soll und der Vermieter oder Verpächter für die Dauer von mindestens 10 Jahren auf das Recht zur ordentlichen Kündigung verzichtet oder der Vertrag auf mindestens 10 Jahre abgeschlossen wurde. Dies entspräche dann ungefähr den Regelungen der Indexmiete im Wohnraummietrechtsbereich.

Die Mieterhöhung - Durchsetzung und Abwehr

**PRAXISTIPP**

*Eine Genehmigung wird unterbleiben, wenn die Regelungen lediglich eine Mieterhöhung, aber keine Mietreduzierung vorsieht. Gleiches gilt, wenn sich der geschuldete Betrag gegenüber der Entwicklung der Bezugsgröße überproportional ändern kann.*

Die Berechnung bei einer Indexänderung erfolgt nach der folgenden Formel:

**[(Neuer Indexstand : alter Indexstand) * 100] -100**

**= Prozentsatz der Änderung.**

BEISPIEL

*Ändert sich der Indexstand von zum Vertragsabschlussfaktor 100 auf später 105, so wird die folgende Berechnung durchgeführt:*

**105 : 100 * 100 -100 = 5% Mieterhöhung**

Unzulässig ist dagegen, einfach die Differenz der Indexstände als Prozentwert anzusetzen.

BEISPIEL

*Wenn sich beispielsweise der Indexstand von 110 auf 115 ändert, entspricht dies nicht etwa einer Mieterhöhung von 5%, sondern einer Mieterhöhung von 4,55% unter Anwendung der oben benannten Formel.*

Die aktuellen Indexstände und Informationen für Genehmigungsverfahren etc. sind auf der folgenden Homepage des statistischen Bundesamtes veröffentlicht:

**www.destatis.de**

Im Falle einer genehmigten Gleitklausel tritt dann die Änderung der Miethöhe **automatisch** ein.

Für den Fall, dass die Miete nicht entsprechend entrichtet wird, kann dann direkt auf Zahlung geklagt werden.

Im Falle einer ungenehmigten Gleitklausel wäre zunächst eine Erhöhung der Miete durchzusetzen und notfalls einzuklagen.


**2. Spannungsklausel**


Die Mieterhöhung - Durchsetzung und Abwehr

Spannungsklauseln sind Klauseln, bei denen die in ein Verhältnis zueinander gesetzten Güter oder Leistungen im Wesentlichen gleichartig oder zumindest vergleichbar sind.

Die Vereinbarung von Spannungsklauseln ist in Gewerberaummietverträgen ohne Weiteres zulässig. Spannungsklauseln sind nach § 1 Ziff.2 PrKVO (Preisklauselverordnung) nicht vom Indexierungsverbot des § 2 Abs. 1 PrPklG umfasst.

Hintergrund ist, dass bei Spannungsklauseln die Wertsicherung nicht durch Vereinbarung eines amtlichen Indexes als Vergleichsgröße, sondern vielmehr durch die Vereinbarung gleichartiger oder zumindest vergleichbarer Leistungen als Vergleichsgröße erreicht wird.

Durch diese Vergleichbarkeit sollen Verzerrungen vermieden werden.

BEISPIEL

*Vergleichbare Leistungen wären z. B. Mieten anderer Gewerberaummietverträge, nicht vergleichbar wären dagegen Beamtengehälter, Hypothekenzinsen, der Baukostenindex oder die Entwicklung des Grundstückswertes.*

BEISPIEL

*Zu denken ist auch als vergleichbare Leistung an die Wohnraummiete bei nicht preisgebundenem Wohnraum.*

**PRAXISTIPP**

*Bei der Gestaltung gewerblicher Mietverträge sind die automatischen Gleitklauseln den Spannungsklauseln zu bevorzugen. Insoweit sind die Ausführungen zur Spannungsklausel hier nur der Vollständigkeit halber gemacht worden.*

## 3. Leistungsvorbehalt

Weiterhin kann zur Wertsicherung der Miete auch ein Leistungsvorbehalt vereinbart werden.

Auch diese sind nicht vom Indexierungsverbot umfasst.

Die Mieterhöhung - Durchsetzung und Abwehr

Leistungsvorbehalte sind Klauseln, die hinsichtlich des Ausmaßes der Änderung des geschuldeten Betrages einen **Ermessensspielraum** zulassen, der es ermöglicht, die neue Höhe der Geldschuld nach Billigkeitsgrundsätzen zu bestimmen.

Dies führt also nicht zu einer automatischen Veränderung der Miethöhe wie bei einer echten Gleitklausel oder Staffelmiete, sondern es muss nach der Veränderung einer bestimmten Bezugsgröße die Miethöhe **neu festgesetzt** werden.

Dies ist jedoch in der Praxis oftmals mit Streitigkeiten verbunden.

In der Regel ist davon auszugehen, dass ein Leistungsvorbehalt der Mietvertragspartei, die sich hierauf beruft, lediglich einen Anspruch auf Neuverhandlung der Miethöhe gewährt.

Die tatsächliche Miete muss dann jedoch notfalls gerichtlich geklärt werden.

**PRAXISTIPP**

*In der Praxis sind Leistungsvorbehalte bei Gewerberaummietverhältnissen häufig anzutreffen, wenn diese unter 10 Jahren angesetzt sind, bei denen sich automatische echte Gleitklauseln wegen ihrer fehlenden Genehmigungsfiktion (Laufzeit unter 10 Jahre) nicht anbieten.*

*Hier ist jedoch alternativ auch eine Staffelmiete zu vereinbaren, welche sich wegen des geringeren Streitpotentials als vorteilhafter darstellen sollte.*

**PRAXISTIPP**

*Im Gegensatz zur Gleitklausel mit automatischer Mietanpassung ist es jedoch bei Leistungsvorbehaltsklauseln möglich, lediglich eine Mietanpassung nach oben vorzusehen. Dieses entspricht sozusagen auch der Staffelmiete.*

Es gibt jedoch Risiken, ob eine solche Klausel **formularmäßig** wirksam vereinbart werden kann, weshalb davon **abgeraten werden muss.**

# Allgemeine Hinweise zu Mieterhöhungen

Bei Mieterhöhungen z. B. gem. § 558 BGB auf die ortsübliche Miete oder nach Durchführung baulicher Maßnahmen laufen in der Regel Fristen, welche bei Nichtbeachtung auch zum Verlust erheblicher Beträge führen können.

Insoweit sollte darauf geachtet werden, sämtliche relevanten Schriftstücke in diesem Zusammenhang in nachweisbarer Form zuzustellen.

Dies gilt im Übrigen auch für Kündigungen und Fristsetzungen jeglicher Art, soweit für den Fall der fehlenden Beweisbarkeit des Zugangs Schäden drohen.

Zur Zustellung entsprechender wichtiger Schriftstücke bieten sich vier Möglichkeiten an:

## 1. Zustellung per Einschreiben mit Rückschein

Hierbei handelt es sich um die günstigste und auch eine der schnellsten und einfachsten Möglichkeiten der Zustellung wichtiger Schriftstücke.

Problematisch ist jedoch der Fall, wenn eine Zustellung beispielsweise bei einer Mieterhöhung zum Ende eines Monats erfolgen muss oder im Falle einer Kündigung zum 3. Werktag eines Monats zugestellt sein muss.

Es besteht nämlich die Gefahr, dass ein Mieter das Mieterhöhungsschreiben oder Kündigungsschreiben nicht abholt und dann der Brief nach Ablauf der Lagerfrist an den Absender zurückgeschickt wird.

In diesem Falle ist ein Zugang nicht erfolgt.

Die Möglichkeit einer Zustellung mittels Einschreiben mit Rückschein sollte daher nur dann in Betracht gezogen werden, wenn für den Fall, dass der Mieter den Brief nicht abholt, noch genug Zeit besteht, die Zustellung nachzuholen.

## 2. Zustellung per Boten

Eine in der Praxis oftmals angewandte Möglichkeit der Zustellung ist die per Boten.

Hierbei kann der Vermieter die Mieterhöhung oder Kündigung etc. durch einen Zeugen zustellen lassen.

**PRAXISTIPP**

*Ausreichend ist, wenn der Zeuge den Brief in den Briefkasten des Empfängers einwirft. In diesem Falle ist der Brief in den „Machtbereich des Empfängers" gelangt und gilt als zugestellt.*

Die Mieterhöhung - Durchsetzung und Abwehr

Unwesentlich ist bei einer Zustellung durch einen Boten, wenn der Mieter sich zum Beispiel im Urlaub befindet oder den Briefkasten einfach nicht leert.

**PRAXISTIPP**

*Bei Zustellungen an Gewerbetreibende oder Firmen sollte dieser am Tage eines Fristablaufs noch zu den üblichen Bürozeiten erfolgen.*

### 3. Zustellung durch Gerichtsvollzieher

Die sicherste Alternative ist die Zustellung eines Briefes durch einen Gerichtsvollzieher.

Man kann hierfür beim zuständigen Amtsgericht einen Antrag auf Zustellung über einen Gerichtsvollzieher stellen.

Die Gerichtsvollzieherverteilerstelle wird dann den zuständigen Gerichtsvollzieher ermitteln.

Der Gerichtsvollzieher kopiert dann das Original und verbindet dieses mit einer Zustellungsurkunde, wodurch in amtlicher Form die Zustellung exakt des kopierten Dokumentes nicht mehr angreifbar ist.

Nachteilig ist, dass der Gerichtsvollzieher teilweise sehr viel Zeit benötigt und insoweit sollte auch diese Zustellungsmöglichkeit nur gewählt werden, wenn genügend Zeit für die Zustellung zur Verfügung steht.

Die Kosten belaufen sich für eine Zustellung auf circa 20 €.

**PRAXISTIPP**

*Unternehmen, welche des Öfteren Zustellungen durchführen, können auch einen Gerichtsvollzieher für sämtliche ihrer Zustellung beauftragen. Der Gerichtsvollzieher selbst gibt das Schreiben auch nur in die Post und insoweit ist eine örtliche Zuständigkeit für einen Gerichtsvollzieher nicht gegeben.*

### 4. Empfangsbestätigung

Zuletzt bleibt selbstverständlich stets auch die Empfangsbestätigung des Empfängers eines Schreibens. Dies kommt nur bei einer persönlichen Abgabe in Betracht.

# Prozessuales

Bei einigen Formen der Mietänderung muss zunächst noch eine Zustimmung zur Mieterhöhung eingeklagt werden oder eine Miete neu festgelegt werden, bei anderen Formen tritt die Mieterhöhung automatisch ein und Mietrückstände können durch den Vermieter eingeklagt werden.

So ist z. B. bei der Mieterhöhung auf der ortsüblichen Miete gem. § 558 BGB zunächst eine Klage auf Zustimmung notwendig.

Bei § 558 BGB ist die Vorschrift des § 558 b BGB zu berücksichtigen.
Hiernach schuldet der Mieter, welcher zugestimmt hat, die erhöhte Miete mit Beginn des 3. Kalendermonats nach Zugang des Erhöhungsverlangens.

Soweit der Mieter der Mieterhöhung nicht bis zum Ablauf des 2. Kalendermonats nach dem Zugang des Verlangens zustimmt, kann der Vermieter auf Erteilung der Zustimmung klagen. **Die Klage muss innerhalb von 3 weiteren Monaten erhoben werden.**

Insoweit ist hier für den Vermieter eine kurze Zeit der Handlungsmöglichkeit gegeben. Zunächst muss der Vermieter abwarten, ob der Mieter bis zum Ablauf des 2. Kalendermonats nach Zugang des Schreibens zustimmt.
Erst dann oder bei endgültiger Ablehnung des Mieters kann eine Klage eingereicht werden.
Hier muss jedoch eine Frist von weiteren 3 Monaten berücksichtigt werden, weil danach das Mieterhöhungsverlangen erledigt ist.

Eine Gefahr besteht dann, wenn der Mieter zwar zunächst die erhöhte Miete zahlt, jedoch nicht ausdrücklich eine Zustimmung hierzu erklärt.
In diesem Fall ist in wenigen Zahlungen der Mieterhöhung nicht automatisch auch eine Zustimmungserklärung des Mieters zu sehen.
Wenn dann nach Ablauf der 3-monatigen Klagefrist der Mieter die Zahlungen wieder einstellt und sogar die Überzahlungen der letzten Monate durch Verrechnung mit der nächsten Miete wieder korrigiert, kann der Vermieter nur wieder ein neues Mieterhöhungsschreiben mit entsprechenden neuen Fristen absenden.

Die Mieterhöhung - Durchsetzung und Abwehr

Prozessuales

Eine Klage ist dann nicht mehr möglich und die Mieterhöhungsbeträge der letzten Monate sind verloren.

Von diesem Zustimmungserfordernis des § 558 BGB zu trennen ist die Mieterhöhung wegen baulicher Maßnahmen nach § 559 BGB. Hiernach kann der Mieter einseitig die Miete erhöhen und dann nach Erhöhungserklärung Klage diesbezüglich einreichen.

Bei der einvernehmlichen Mieterhöhung gemäß § 557 BGB ist durch die beidseitige Vereinbarung bereits eine Klagbarkeit der Mietdifferenzen gegeben.

Auch bei der Staffelmieterhöhung kann direkt auf die Mieterhöhungsbeträge geklagt werden, genauso wie bei der Indexmieterhöhung nach § 557 b BGB im Wohnraummietrechtsbereich oder im Gewerberaummietrechtsbereich Gleitklauseln mit automatischer Mietanpassung.

Wie bereits ausgeführt, ist bei einer Leistungsvorbehaltsklausel nicht direkt eine Klage möglich, sondern es muss zunächst geklärt werden, inwieweit durch die Änderungen beim Leistungsvorbehalt eine Mieterhöhung durchsetzbar ist.

Hier ist gegebenenfalls eine Schiedsklausel von Vorteil.
Für den Fall von Streitigkeiten empfiehlt sich im gewerblichen Bereich die Anpassungen der Miete einem Sachverständigen zu übertragen, der dann die Funktion eines Schiedsgutachters gemäß § 317 BGB übernimmt.
Solche Feststellungen des Sachverständigen als Schiedsgutachter sind dann für die Mietvertragsparteien verbindlich und können gerichtlich durchgesetzt werden.
Dies gilt allerdings nicht, wenn das Gutachten offenbar unrichtig ist oder das Ergebnis unbillig ist. Eine solche Unbilligkeit oder Unrichtigkeit ist gegeben, wenn das Gutachten mehr als 25% von einem richtigen Ergebnis abweicht.

Ungünstig wäre es, wenn die Miethöhe sich nicht automatisch aus dem Mietvertrag und entsprechenden Indexentwicklungen oder ähnlichem ergibt.

Die Mieterhöhung - Durchsetzung und Abwehr

Hier wäre dann nur eine Neuverhandlung im Vertrag festgelegt, was lediglich zur Mitwirkung an den Verhandlungen über die Miethöhe verpflichtet. Im Ergebnis hängt die Miethöhe dann jedoch vom Ausgang z. B. des Schiedsgutachtens ab und ist insoweit schwierig prognostizierbar.

**PRAXISTIPP**

*Soweit in einer Vertragsklausel lediglich Verhandlungen über eine Neufestsetzung der Miete festgelegt sind, muss unbedingt eine **Frist** aufgenommen werden, nach deren Ablauf ohne Einigung die Verhandlungen als gescheitert anzusehen sind, damit gerichtliche Schritte eingeleitet werden können.*

Auch zu klären ist die Kostenfrage. Hierbei wird oftmals eine Kostenteilung vereinbart sein. Denkbar wäre aber auch, nur einer Seite die Kosten aufzuerlegen.

**PRAXISTIPP**

*Bei der Durchsetzung von Ansprüchen aus der Miete sollte daran gedacht werden, eine Klage im **Urkundsprozess** durchzuführen. Hierbei werden keine Sachverständigengutachten oder Zeugenbeweise zugelassen. Die Klärung erfolgt allein aus rechtlichen Wertungen und vorliegenden Dokumenten, wie zum Beispiel in dem Mietvertrag. Solche Prozesse führen daher sehr viel schneller zu Urteilen und damit der Möglichkeit einer Zwangsvollstreckung.*

# ANHANG

## Mietrechtliche Vorschriften des BGB

### § 535 BGB — Inhalt und Hauptpflichten des Mietvertrags

(1) Durch den Mietvertrag wird der Vermieter verpflichtet, dem Mieter den Gebrauch der Mietsache während der Mietzeit zu gewähren. Der Vermieter hat die Mietsache dem Mieter in einem zum vertragsgemäßen Gebrauch geeigneten Zustand zu überlassen und sie während der Mietzeit in diesem Zustand zu erhalten. Er hat die auf der Mietsache ruhenden Lasten zu tragen.

(2) Der Mieter ist verpflichtet, dem Vermieter die vereinbarte Miete zu entrichten.

### § 536 BGB — Mietminderung bei Sach- und Rechtsmängeln

(1) Hat die Mietsache zur Zeit der Überlassung an den Mieter einen Mangel, der ihre Tauglichkeit zum vertragsgemäßen Gebrauch aufhebt, oder entsteht während der Mietzeit ein solcher Mangel, so ist der Mieter für die Zeit, in der die Tauglichkeit aufgehoben ist, von der Entrichtung der Miete befreit. Für die Zeit, während der die Tauglichkeit gemindert ist, hat er nur eine angemessen herabgesetzte Miete zu entrichten. Eine unerhebliche Minderung der Tauglichkeit bleibt außer Betracht.

(2) Absatz 1 Satz 1 und 2 gilt auch, wenn eine zugesicherte Eigenschaft fehlt oder später wegfällt.

(3) Wird dem Mieter der vertragsgemäße Gebrauch der Mietsache durch das Recht eines Dritten ganz oder zum Teil entzogen, so gelten die Absätze 1 und 2 entsprechend.

(4) Bei einem Mietverhältnis über Wohnraum ist eine zum Nachteil des Mieters abweichende Vereinbarung unwirksam.

### § 557 BGB — Mieterhöhungen nach Vereinbarung oder Gesetz

(1) Während des Mietverhältnisses können die Parteien eine Erhöhung der Miete vereinbaren.

(2) Künftige Änderungen der Miethöhe können die Vertragsparteien als Staffelmiete nach § 557a oder als Indexmiete nach § 557b vereinbaren.

Die Mieterhöhung - Durchsetzung und Abwehr

(3) Im Übrigen kann der Vermieter Mieterhöhungen nur nach Maßgabe der §§ 558 bis 560 verlangen, soweit nicht eine Erhöhung durch Vereinbarung ausgeschlossen ist oder sich der Ausschluss aus den Umständen ergibt.

(4) Eine zum Nachteil des Mieters abweichende Vereinbarung ist unwirksam.

## § 557a BGB — Staffelmiete

(1) Die Miete kann für bestimmte Zeiträume in unterschiedlicher Höhe schriftlich vereinbart werden; in der Vereinbarung ist die jeweilige Miete oder die jeweilige Erhöhung in einem Geldbetrag auszuweisen (Staffelmiete).

(2) Die Miete muss jeweils mindestens ein Jahr unverändert bleiben. Während der Laufzeit einer Staffelmiete ist eine Erhöhung nach den §§ 558 bis 559b ausgeschlossen.

(3) Das Kündigungsrecht des Mieters kann für höchstens vier Jahre seit Abschluss der Staffelmietvereinbarung ausgeschlossen werden. Die Kündigung ist frühestens zum Ablauf dieses Zeitraums zulässig.

(4) Eine zum Nachteil des Mieters abweichende Vereinbarung ist unwirksam.

## § 557b BGB — Indexmiete

(1) Die Vertragsparteien können schriftlich vereinbaren, dass die Miete durch den vom Statistischen Bundesamt ermittelten Preisindex für die Lebenshaltung aller privaten Haushalte in Deutschland bestimmt wird (Indexmiete).

(2) Während der Geltung einer Indexmiete muss die Miete, von Erhöhungen nach den §§ 559 bis 560 abgesehen, jeweils mindestens ein Jahr unverändert bleiben. Eine Erhöhung nach § 559 kann nur verlangt werden, soweit der Vermieter bauliche Maßnahmen auf Grund von Umständen durchgeführt hat, die er nicht zu vertreten hat. Eine Erhöhung nach § 558 ist ausgeschlossen.

(3) Eine Änderung der Miete nach Absatz 1 muss durch Erklärung in Textform geltend gemacht werden. Dabei sind die eingetretene Änderung des Preisindexes sowie die jeweilige Miete oder die Erhöhung in einem Geldbetrag anzugeben. Die geänderte Miete ist mit Beginn des übernächsten Monats nach dem Zugang der Erklärung zu entrichten.

(4) Eine zum Nachteil des Mieters abweichende Vereinbarung ist unwirksam.

## § 558 BGB — Mieterhöhung bis zur ortsüblichen Vergleichsmiete

(1) Der Vermieter kann die Zustimmung zu einer Erhöhung der Miete bis zur ortsüblichen Vergleichsmiete verlangen, wenn die Miete in dem Zeitpunkt, zu dem die Erhöhung eintreten soll, seit 15 Monaten unverändert ist. Das Mieterhöhungsverlangen kann frühestens ein Jahr nach der letzten Mieterhöhung geltend gemacht werden. Erhöhungen nach den §§ 559 bis 560 werden nicht berücksichtigt.

(2) Die ortsübliche Vergleichsmiete wird gebildet aus den üblichen Entgelten, die in der Gemeinde oder einer vergleichbaren Gemeinde für Wohnraum vergleichbarer Art, Größe, Ausstattung, Beschaffenheit und Lage in den letzten vier Jahren vereinbart oder von Erhöhungen nach § 560 abgesehen, geändert worden sind. Ausgenommen ist Wohnraum, bei dem die Miethöhe durch Gesetz oder im Zusammenhang mit einer Förderzusage festgelegt worden ist.

(3) Bei Erhöhungen nach Absatz 1 darf sich die Miete innerhalb von drei Jahren, von Erhöhungen nach den §§ 559 bis 560 abgesehen, nicht um mehr als 20 vom Hundert erhöhen (Kappungsgrenze).

(4) Die Kappungsgrenze gilt nicht,

1.

wenn eine Verpflichtung des Mieters zur Ausgleichszahlung nach den Vorschriften über den Abbau der Fehlsubventionierung im Wohnungswesen wegen des Wegfalls der öffentlichen Bindung erloschen ist und

2.

soweit die Erhöhung den Betrag der zuletzt zu entrichtenden Ausgleichszahlung nicht übersteigt.

Der Vermieter kann vom Mieter frühestens vier Monate vor dem Wegfall der öffentlichen Bindung verlangen, ihm innerhalb eines Monats über die Verpflichtung zur Ausgleichszahlung und über deren Höhe Auskunft zu erteilen. Satz 1 gilt entsprechend, wenn die Verpflichtung des Mieters zur Leistung einer Ausgleichszahlung nach den §§ 34 bis 37 des Wohnraumförderungsgesetzes und den hierzu ergangenen landesrechtlichen Vorschriften wegen Wegfalls der Mietbindung erloschen ist.

(5) Von dem Jahresbetrag, der sich bei einer Erhöhung auf die ortsübliche Vergleichsmiete ergäbe, sind Drittmittel im Sinne des § 559a abzuziehen, im Falle des § 559a Abs. 1 mit 11 vom Hundert des Zuschusses.

(6) Eine zum Nachteil des Mieters abweichende Vereinbarung ist unwirksam.

**§ 558a BGB — Form und Begründung der Mieterhöhung**

(1) Das Mieterhöhungsverlangen nach § 558 ist dem Mieter in Textform zu erklären und zu begründen.

(2) Zur Begründung kann insbesondere Bezug genommen werden auf

1.

einen Mietspiegel (§§ 558c, 558d),

2.

eine Auskunft aus einer Mietdatenbank § 558e),

3.

ein mit Gründen versehenes Gutachten eines öffentlich bestellten und vereidigten Sachverständigen,

4.

entsprechende Entgelte für einzelne vergleichbare Wohnungen; hierbei genügt die Benennung von drei Wohnungen.

(3) Enthält ein qualifizierter Mietspiegel (§ 558d Abs. 1), bei dem die Vorschrift des § 558d Abs. 2 eingehalten ist, Angaben für die Wohnung, so hat der Vermieter in seinem Mieterhöhungsverlangen diese Angaben auch dann mitzuteilen, wenn er die Mieterhöhung auf ein anderes Begründungsmittel nach Absatz 2 stützt.

(4) Bei der Bezugnahme auf einen Mietspiegel, der Spannen enthält, reicht es aus, wenn die verlangte Miete innerhalb der Spanne liegt. Ist in dem Zeitpunkt, in dem der Vermieter seine Erklärung abgibt, kein Mietspiegel vorhanden, bei dem § 558c Abs. 3 oder § 558d Abs. 2 eingehalten ist, so kann auch ein anderer, insbesondere ein veralteter Mietspiegel oder ein Mietspiegel einer vergleichbaren Gemeinde verwendet werden.

(5) Eine zum Nachteil des Mieters abweichende Vereinbarung ist unwirksam.

## § 558b BGB — Zustimmung zur Mieterhöhung

(1) Soweit der Mieter der Mieterhöhung zustimmt, schuldet er die erhöhte Miete mit Beginn des dritten Kalendermonats nach dem Zugang des Erhöhungsverlangens.

(2) Soweit der Mieter der Mieterhöhung nicht bis zum Ablauf des zweiten Kalendermonats nach dem Zugang des Verlangens zustimmt, kann der Vermieter auf Erteilung der Zustimmung klagen. Die Klage muss innerhalb von drei weiteren Monaten erhoben werden.

(3) Ist der Klage ein Erhöhungsverlangen vorausgegangen, das den Anforderungen des § 558a nicht entspricht, so kann es der Vermieter im Rechtsstreit nachholen oder die Mängel des Erhöhungsverlangens beheben.

Die Mieterhöhung - Durchsetzung und Abwehr

Dem Mieter steht auch in diesem Fall die Zustimmungsfrist nach Absatz 2 Satz 1 zu.

(4) Eine zum Nachteil des Mieters abweichende Vereinbarung ist unwirksam.

## § 558c BGB — Mietspiegel

(1) Ein Mietspiegel ist eine Übersicht über die ortsübliche Vergleichsmiete, soweit die Übersicht von der Gemeinde oder von Interessenvertretern der Vermieter und der Mieter gemeinsam erstellt oder anerkannt worden ist.

(2) Mietspiegel können für das Gebiet einer Gemeinde oder mehrerer Gemeinden oder für Teile von Gemeinden erstellt werden.

(3) Mietspiegel sollen im Abstand von zwei Jahren der Marktentwicklung angepasst werden.

(4) Gemeinden sollen Mietspiegel erstellen, wenn hierfür ein Bedürfnis besteht und dies mit einem vertretbaren Aufwand möglich ist. Die Mietspiegel und ihre Änderungen sollen veröffentlicht werden.

(5) Die Bundesregierung wird ermächtigt, durch Rechtsverordnung mit Zustimmung des Bundesrates Vorschriften über den näheren Inhalt und das Verfahren zur Aufstellung und Anpassung von Mietspiegeln zu erlassen.

## § 559 BGB — Mieterhöhung bei Modernisierung

(1) Hat der Vermieter bauliche Maßnahmen durchgeführt, die den Gebrauchswert der Mietsache nachhaltig erhöhen, die allgemeinen Wohnverhältnisse auf Dauer verbessern oder nachhaltig Einsparungen von Energie oder Wasser bewirken (Modernisierung), oder hat er andere bauliche Maßnahmen auf Grund von Umständen durchgeführt, die er nicht zu vertreten hat, so kann er die jährliche Miete um 11 vom Hundert der für die Wohnung aufgewendeten Kosten erhöhen.

(2) Sind die baulichen Maßnahmen für mehrere Wohnungen durchgeführt worden, so sind die Kosten angemessen auf die einzelnen Wohnungen aufzuteilen.

(3) Eine zum Nachteil des Mieters abweichende Vereinbarung ist unwirksam.

## § 559a BGB - Anrechnung von Drittmitteln

(1) Kosten, die vom Mieter oder für diesen von einem Dritten übernommen oder die mit Zuschüssen aus öffentlichen Haushalten gedeckt werden, gehören nicht zu den aufgewendeten Kosten im Sinne des § 559.

(2) Werden die Kosten für die baulichen Maßnahmen ganz oder teilweise durch zinsverbilligte oder zinslose Darlehen aus öffentlichen Haushalten gedeckt, so verringert sich der Erhöhungsbetrag nach § 559 um den Jahresbetrag der Zinsermäßigung. Dieser wird errechnet aus dem Unterschied zwischen dem ermäßigten Zinssatz und dem marktüblichen Zinssatz für den Ursprungsbetrag des Darlehens. Maßgebend ist der marktübliche Zinssatz für erstrangige Hypotheken zum Zeitpunkt der Beendigung der Maßnahmen. Werden Zuschüsse oder Darlehen zur Deckung von laufenden Aufwendungen gewährt, so verringert sich der Erhöhungsbetrag um den Jahresbetrag des Zuschusses oder Darlehens.

(3) Ein Mieterdarlehen, eine Mietvorauszahlung oder eine von einem Dritten für den Mieter erbrachte Leistung für die baulichen Maßnahmen stehen einem Darlehen aus öffentlichen Haushalten gleich. Mittel der Finanzierungsinstitute des Bundes oder eines Landes gelten als Mittel aus öffentlichen Haushalten.

(4) Kann nicht festgestellt werden, in welcher Höhe Zuschüsse oder Darlehen für die einzelnen Wohnungen gewährt worden sind, so sind sie nach dem Verhältnis der für die einzelnen Wohnungen aufgewendeten Kosten aufzuteilen.

(5) Eine zum Nachteil des Mieters abweichende Vereinbarung ist unwirksam.

## § 559b BGB — Geltendmachung der Erhöhung, Wirkung der Erhöhungserklärung

(1) Die Mieterhöhung nach § 559 ist dem Mieter in Textform zu erklären. Die Erklärung ist nur wirksam, wenn in ihr die Erhöhung auf Grund der entstandenen Kosten berechnet und entsprechend den Voraussetzungen der §§ 559 und 559a erläutert wird.

(2) Der Mieter schuldet die erhöhte Miete mit Beginn des dritten Monats nach dem Zugang der Erklärung. Die Frist verlängert sich um sechs Monate, wenn der Vermieter dem Mieter die zu erwartende Erhöhung der Miete nicht nach § 554 Abs. 3 Satz 1 mitgeteilt hat oder wenn die tatsächliche Mieterhöhung mehr als 10 vom Hundert höher ist als die mitgeteilte.

(3) Eine zum Nachteil des Mieters abweichende Vereinbarung ist unwirksam.

## § 560 BGB — Veränderungen von Betriebskosten

Die Mieterhöhung - Durchsetzung und Abwehr

(1) Bei einer Betriebskostenpauschale ist der Vermieter berechtigt, Erhöhungen der Betriebskosten durch Erklärung in Textform anteilig auf den Mieter umzulegen, soweit dies im Mietvertrag vereinbart ist. Die Erklärung ist nur wirksam, wenn in ihr der Grund für die Umlage bezeichnet und erläutert wird.

(2) Der Mieter schuldet den auf ihn entfallenden Teil der Umlage mit Beginn des auf die Erklärung folgenden übernächsten Monats. Soweit die Erklärung darauf beruht, dass sich die Betriebskosten rückwirkend erhöht haben, wirkt sie auf den Zeitpunkt der Erhöhung der Betriebskosten, höchstens jedoch auf den Beginn des der Erklärung vorausgehenden Kalenderjahres zurück, sofern der Vermieter die Erklärung innerhalb von drei Monaten nach Kenntnis von der Erhöhung abgibt.

(3) Ermäßigen sich die Betriebskosten, so ist eine Betriebskostenpauschale vom Zeitpunkt der Ermäßigung an entsprechend herabzusetzen. Die Ermäßigung ist dem Mieter unverzüglich mitzuteilen.

(4) Sind Betriebskostenvorauszahlungen vereinbart worden, so kann jede Vertragspartei nach einer Abrechnung durch Erklärung in Textform eine Anpassung auf eine angemessene Höhe vornehmen.

(5) Bei Veränderungen von Betriebskosten ist der Grundsatz der Wirtschaftlichkeit zu beachten.

(6) Eine zum Nachteil des Mieters abweichende Vereinbarung ist unwirksam.

## § 561 BGB — Sonderkündigungsrecht des Mieters nach Mieterhöhung

(1) Macht der Vermieter eine Mieterhöhung nach § 558 oder § 559 geltend, so kann der Mieter bis zum Ablauf des zweiten Monats nach dem Zugang der Erklärung des Vermieters das Mietverhältnis außerordentlich zum Ablauf des übernächsten Monats kündigen. Kündigt der Mieter, so tritt die Mieterhöhung nicht ein.

(2) Eine zum Nachteil des Mieters abweichende Vereinbarung ist unwirksam.

## § 578 BGB — Mietverhältnisse über Grundstücke und Räume

(1) Auf Mietverhältnisse über Grundstücke sind die Vorschriften der §§ 550, 562 bis 562d, 566 bis 567b sowie 570 entsprechend anzuwenden.

(2) Auf Mietverhältnisse über Räume, die keine Wohnräume sind, sind die in Absatz 1 genannten Vorschriften sowie § 552 Abs. 1, § 554 Abs. 1 bis 4 und § 569 Abs. 2 entsprechend anzuwenden. Sind die Räume zum Aufenthalt von Menschen bestimmt, so gilt außerdem § 569 Abs. 1 entsprechend.

Die Mieterhöhung - Durchsetzung und Abwehr

## § 580a BGB — Kündigungsfristen

(1) Bei einem Mietverhältnis über Grundstücke, über Räume, die keine Geschäftsräume sind, oder über im Schiffsregister eingetragene Schiffe ist die ordentliche Kündigung zulässig,

1.

wenn die Miete nach Tagen bemessen ist, an jedem Tag zum Ablauf des folgenden Tages;

2.

wenn die Miete nach Wochen bemessen ist, spätestens am ersten Werktag einer Woche zum Ablauf des folgenden Sonnabends;

3.

wenn die Miete nach Monaten oder längeren Zeitabschnitten bemessen ist, spätestens am dritten Werktag eines Kalendermonats zum Ablauf des übernächsten Monats, bei einem Mietverhältnis über gewerblich genutzte unbebaute Grundstücke oder im Schiffsregister eingetragene Schiffe jedoch nur zum Ablauf eines Kalendervierteljahrs.

(2) Bei einem Mietverhältnis über Geschäftsräume ist die ordentliche Kündigung spätestens am dritten Werktag eines Kalendervierteljahres zum Ablauf des nächsten Kalendervierteljahrs zulässig.

(3) Bei einem Mietverhältnis über bewegliche Sachen ist die ordentliche Kündigung zulässig,

1.

wenn die Miete nach Tagen bemessen ist, an jedem Tag zum Ablauf des folgenden Tages;

2.

wenn die Miete nach längeren Zeitabschnitten bemessen ist, spätestens am dritten Tag vor dem Tag, mit dessen Ablauf das Mietverhältnis enden soll.

(4) Absatz 1 Nr. 3, Absatz 2 und 3 Nr. 2 sind auch anzuwenden, wenn ein Mietverhältnis außerordentlich mit der gesetzlichen Frist gekündigt werden kann.

# Muster

## Muster eines Aufforderungsschreibens zur Mieterhöhung nach § 558

Begründungsmittel: Mietspiegel

Mieterhöhung für die Wohnung ____

Nach dem Gesetz sind wir berechtigt, die Erhöhung der mit Ihnen vereinbarten Miete zu verlangen, wenn üblicherweise für vergleichbare Wohnungen eine höhere Miete gezahlt wird und die Miete zu dem Zeitpunkt, zu dem die Erhöhung eintreten soll, seit fünfzehn Monaten unverändert ist und seit der letzten Mieterhöhung mindestens ein Jahr vergangen ist.

Von dieser gesetzlichen Möglichkeit machen wir hiermit Gebrauch. Die von Ihnen gezahlte Miete beträgt derzeit ohne Nebenkosten ____ EUR.

Die Wohnfläche für Ihre Wohnung beträgt ____ qm.

Somit ergibt sich derzeit eine Miete in Höhe von ____ EUR pro Quadratmeter.

Diese. Miete ist seit mehr als einem Jahr nicht mehr erhöht worden.

Die von Ihnen angemietete Wohnung ist im Jahre ____ bezugsfertig geworden.

Die Wohnung verfügt über folgende Ausstattung:

____ [Bitte ausführlich anhand der Angaben des Mietspiegels beschreiben] und befindet sich in ____ Wohnlage.

Ausweislich des qualifizierten Mietspiegels der Stadt ____ beträgt die ortsübliche Vergleichsmiete für Wohnungen in der Kategorie ____ zwischen ____ EUR und ____ EUR.

Ich halte daher eine Erhöhung der Grundmiete Ihrer Wohnung von ____ EUR = ____ EUR pro Quadratmeter für gerechtfertigt.

Die geforderte Erhöhung hält sich innerhalb der Kappungsgrenze des § 558 Abs. 3 BGB, wonach die Miete innerhalb von 3 Jahren um nicht mehr als 20% erhöht werden darf.

Die Mieterhöhung - Durchsetzung und Abwehr

Ich bitte Sie daher, der Erhöhung der Kaltmiete auf ____ EUR zuzustimmen und Ihre schriftliche Zustimmungserklärung bis zum ____ unterschrieben an mich zurückzusenden. Die erhöhte Miete wird sodann erstmals ab dem ____ fällig.

(Unterschrift)

## Muster eines Mieterhöhungsschreibens wegen Modernisierung:

In der von Ihnen bewohnten Wohnung haben wir mit Ihrer Zustimmung das alte „Frankfurter Bad" gegen ein modernes separates Bad austauschen lassen. Durch unser Schreiben vom _____ wurden Sie auf die Durchführung der Baumaßnahmen, deren voraussichtliche Kosten und die sich daraus ergebende Mieterhöhung hingewiesen; die tatsächlich entstandenen Kosten und die sich daraus für die Mieter ergebenden Erhöhungsbeträge entsprechen im Wesentlichen den Angaben dieses Ankündigungsschreibens. Das neue Bad ist am _____ fertiggestellt worden.

Nach § 559 BGB sind wir berechtigt, die aufgewendeten Baukosten durch eine Erhöhung der Grundmiete umzulegen. Danach kann die Jahresmiete um 11 % der für Ihre Wohnung aufgewendeten Kosten erhöht werden.

Im Einzelnen berechnet sich die auf Ihre Wohnung entfallene Erhöhung wie folgt:
Baukosten

_____ EUR

hiervon entfällt auf Ihre Wohnung ein Kostenanteil von
_____%;  (Verhältnis Wohnfläche zu Gesamtwohnfläche)

_____ EUR

Der jährliche Erhöhungsbetrag von diesem Kostenanteil beträgt 11 % =

_____ EUR

Somit erhöht sich Ihre Monatsmiete um _____ EUR auf _____ EUR.

Ab _____ bitten wir Sie, die neue Miete zzgl. der vereinbarten Vorauszahlung für Nebenkosten auf das Ihnen bekannte Mietkonto zu überweisen.

Die Mieterhöhung - Durchsetzung und Abwehr

(Unterschrift)

# Muster einer Erhöhung der Betriebskostenpauschale

Wegen der zwischenzeitlich eingetretenen Erhöhungen der Betriebskosten für _____ (Beispiel: Heizöl) bin ich gezwungen, gemäß § 560 BGB die Erhöhungen der Betriebskosten anteilig auf Sie umzulegen.

Seit der letzten Anpassung der Nebenkostenpauschale haben sich die nachfolgenden Kosten erhöht:

*[Genaue Darlegung der erhöhten Kosten, der Erhöhungsbeträge und des auf den jeweiligen Mieter entfallenden Anteils, z. B.]*

Der auf Ihre Wohnung entfallende Anteil beträgt _____%. Somit erhöht sich die von Ihnen zu zahlende Pauschale um _____ EUR von _____ EUR auf _____ EUR monatlich.

Die Nachweise für die geltend gemachte Erhöhung können nach vorheriger Terminvereinbarung bei mir eingesehen werden.

Ich bitte Sie, ab dem _____ die erhöhte Pauschale für Nebenkosten zusammen mit der jeweiligen Miete in Höhe von _____ EUR auf das Ihnen bekannte Mietkonto zu überweisen.


(Unterschrift)

# Muster einer Mieterhöhung anhand einer Indexklausel

Entsprechend dem zwischen uns geschlossenen Mietvertrag in Verbindung mit § 557b BGB bin ich berechtigt, die Miete an die zwischenzeitlich eingetretene Veränderung des vom Statistischen Bundesamt vermittelten Verbraucherpreisindexes in Deutschland anzupassen, soweit die Miete für jeweils mindestens ein Jahr unverändert geblieben ist.

Wie Sie wissen, ist die Miete seit mehr als einem Jahr unverändert. Der vom Statistischen Bundesamt veröffentlichte Verbraucherpreisindex, hat sich seit Beginn des Mietverhältnisses der letzten Mietanpassung um _____ Punkte erhöht. Dies entspricht einem prozentualen Anstieg von _____ %.

Somit ändert sich die Miete ab dem _____ von _____ EUR um _____ % = Von _____ EUR auf _____ EUR.

Ich bitte, die erhöhte Miete zusammen mit den Nebenkostenvorauszahlungen in Höhe von _____ EUR, insgesamt also _____ EUR auf das Ihnen bekannte Mietkonto zu überweisen.

(Unterschrift)

Die Mieterhöhung - Durchsetzung und Abwehr

# Aktuelle Rechtsprechung des BGH zu Mieterhöhungen

Im Folgenden werden die Entscheidungen des Bundesgerichtshofs zu Mieterhöhungen der letzten zwei Jahre dargestellt. Die Volltexte sind unter

**www.bundesgerichtshof.de**

abrufbar.

**Entscheidungsdatum: 20.01.2010**

**Aktenzeichen: VIII ZR 141/09**

**Die Entscheidung in Kurzform:**

Bei Erhöhung einer Brutto- oder Teilinklusivmiete kann der Vermieter die erforderlichen Angaben zu den in der Miete enthaltenen Betriebskosten im Prozess über die Mieterhöhung nachholen. Für eine solche Nachbesserung oder Nachholung des Mieterhöhungsverlangens gilt die Sperrfrist im Hinblick auf eine vorangegangene Mieterhöhung, die infolge einer Teilzustimmung des Mieters zum ursprünglichen Mieterhöhungsverlangen wirksam geworden ist, nicht.

**Entscheidungsdatum: 04.11.2009**

**Aktenzeichen: XII ZR 86/07**

**Gewerberaummietvertrag: Einhaltung des Schriftformerfordernisses bei Vertragsschluss durch eine Aktiengesellschaft**

**Die Entscheidung in Kurzform:**

Bei Abschluss eines Mietvertrages durch eine AG ist die Schriftform des § 550 BGB nur gewahrt, wenn alle Vorstandsmitglieder unterzeichnen oder eine Unterschrift den Hinweis enthält, dass das unterzeichnende Vorstandsmitglied auch die Vorstandsmitglieder vertreten will, die nicht unterzeichnet haben.

**Entscheidungsdatum: 21.10.2009**

**Aktenzeichen: VIII ZR 30/09**

**Wohnraummiete: Mieterhöhung bei vom Sachverständigen ermittelter Einzelvergleichsmiete**

**Die Entscheidung in Kurzform:**

Die Mieterhöhung - Durchsetzung und Abwehr

Der Vermieter darf die Miete bis zum oberen Wert der Bandbreite der konkreten ortsüblichen Vergleichsmiete anheben. Dies gilt auch dann, wenn die Einzelvergleichsmiete unter Heranziehung eines Sachverständigengutachtens ermittelt wurde.

**Entscheidungsdatum:** 30.09.2009

**Aktenzeichen:** VIII ZR 276/08

**Wohnraummiete: Beifügung des Mietspiegels im Mieterhöhungsverlangen**

**Die Entscheidung in Kurzform:**

Nimmt der Vermieter zur Begründung seines Mieterhöhungsverlangens auf einen Mietspiegel Bezug und ist dieser gegen eine geringe Gebühr bei den örtlichen Mieter- und Vermietervereinigungen erhältlich, bedarf es einer Beifügung des Mietspiegels bei der Mieterhöhung nicht.

**Entscheidungsdatum:** 08.07.2009

**Aktenzeichen:** VIII ZR 205/08

**Wohnraummiete: Vereinbarte Wohnfläche als Grundlage der Mieterhöhung bei Flächenabweichung**

**Die Entscheidung in Kurzform:**

Einer Mieterhöhung nach § 558 BGB ist die vereinbarte Wohnfläche zugrunde zu legen, wenn die tatsächliche Wohnfläche zum Nachteil des Mieters um nicht mehr als 10 % davon abweicht.

**Entscheidungsdatum:** 01.04.2009

**Aktenzeichen:** VIII ZR 179/08

**Erhöhung der Wohnraummiete nach Modernisierungsmaßnahmen: Höchstgrenze bei Modernisierungsfinanzierung durch öffentliche Fördermittel**

**Die Entscheidung in Kurzform:**

Werden Modernisierungsmaßnahmen des Vermieters durch öffentliche Fördermittel in Form eines zinsverbilligten Darlehens gefördert, kann der Vermieter die Miete im Förderzeitraum nach § 558 BGB nur bis zu dem Betrag erhöhen, der sich nach Abzug der Zinsverbilligung von der ortsüblichen Vergleichsmiete ergibt.

Entscheidungsdatum: 11.03.2009

Aktenzeichen: VIII ZR 279/07

**Wohnraummiete: Wirksamkeit einer Staffelmietvereinbarung mit Angabe des Erhöhungsbetrages bei möglicher Berufung des Mieters auf eine niedrigere ortsübliche Vergleichsmiete**

Die Entscheidung in Kurzform:

Die Wirksamkeit einer Staffelmietvereinbarung, in der die jeweilige Miete oder der jeweilige Erhöhungsbetrag betragsmäßig ausgewiesen sind, wird nicht dadurch berührt, dass dem Mieter zusätzlich die Möglichkeit eingeräumt wird, sich zu seinen Gunsten auf eine niedrigere ortsübliche Vergleichsmiete zu berufen.

Entscheidungsdatum: 11.03.2009

Aktenzeichen: VIII ZR 74/08

**Mieterhöhungsverlangen: Erforderlichkeit der Beifügung des in Bezug genommenen Mietspiegels**

Die Entscheidung in Kurzform:

Nimmt der Vermieter zur Begründung seines Mieterhöhungsverlangens auf einen Mietspiegel Bezug und bietet er dabei dem Mieter die Einsichtnahme des Mietspiegels in Räumen am Wohnort des Mieters an, bedarf es einer Beifügung des Mietspiegels nicht.

Entscheidungsdatum: 11.03.2009

Aktenzeichen: VIII ZR 316/07

**Zustimmungsverlangen zur Erhöhung der Wohnraummiete: Notwendiger Inhalt bei Bezugnahme auf einen qualifizierten Mietspiegel**

Die Entscheidung in Kurzform:

Bei Bezugnahme in einem Zustimmungsverlangen zur Mieterhöhung auf einen qualifizierten Mietspiegel ist nicht mehr als die Angabe des für die Wohnung nach Auffassung des Vermieters einschlägigen Mietspiegelfelds erforderlich, um dem Mieter eine Überprüfung zu ermöglichen, ob die geforderte Miete innerhalb der im Mietspiegel angegebenen Spanne liegt. Der Mieter kann dann ohne Weiteres prüfen, ob die vom Vermieter vorgenommene Einordnung der Wohnung in dieses Mietspiegelfeld zutrifft und ob die für die Wohnung geforderte Miete innerhalb der Spanne.

Die Mieterhöhung - Durchsetzung und Abwehr

**Entscheidungsdatum:** 04.03.2009

**Aktenzeichen:** VIII ZR 110/08

**Wohnraummiete: Pflicht des Vermieters zur Ankündigung baulicher Maßnahmen, die aufgrund einer behördlichen Anordnung durchzuführen sind**

**Die Entscheidung in Kurzform:**

1. Bauliche Maßnahmen, die der Vermieter aufgrund einer behördlichen Anordnung oder gesetzlichen Verpflichtung durchzuführen hat, fallen nicht unter § 554 Abs. 2 BGB und unterliegen deshalb auch nicht den in § 554 Abs. 3 dem Vermieter auferlegten Mitteilungspflichten. Derartige Maßnahmen muss der Mieter vielmehr nach § 242 BGB dulden.

2. Auch derartige Maßnahmen sind, soweit es sich nicht um Notmaßnahmen handelt, vom Vermieter vorher anzukündigen, so dass sich der Mieter nach Möglichkeit darauf einstellen kann. Der Mieter ist nach Treu und Glauben verpflichtet, an einer baldigen Terminsabstimmung mitzuwirken.


**Entscheidungsdatum:** 11.02.2009

**Aktenzeichen:** VIII ZR 118/07

**Formularmäßiger Wohnraummietvertrag: Mietzuschlag bei Unwirksamkeit einer Schönheitsreparaturklausel**

**Die Entscheidung in Kurzform:**

Ist die im Formularmietvertrag enthaltene Schönheitsreparaturklausel z. B. wegen eines starren Fristenplans unwirksam, so ist der Vermieter nicht berechtigt, einen Zuschlag zur ortsüblichen Vergleichsmiete zu verlangen, weil es hierfür an einer rechtlichen Grundlage fehlt.


**Entscheidungsdatum:** 17.12.2008

**Aktenzeichen:** VIII ZR 41/08, VIII ZR 84/08

**Wohnraummiete: Grenzen einer Modernisierungserhöhung**

**Die Entscheidung in Kurzform:**

Der Vermieter kann die Miete bei einer Modernisierung der Wohnung gemäß § 559 Abs. 1 BGB nur insoweit erhöhen, als die von ihm aufgewendeten Kosten hierfür notwendig waren. Unnötige, unzweckmäßige oder ansonsten überhöhte Modernisierungsaufwendungen hat der Mieter nicht zu tragen.

Die Mieterhöhung - Durchsetzung und Abwehr

**Entscheidungsdatum:** 17.12.2008

**Aktenzeichen:** VIII ZR 23/08

**Altmietvertrag für Wohnraum: Teilnichtigkeit einer Staffelmietvereinbarung**

**Die Entscheidung in Kurzform:**

Eine unter der Geltung des MHG ohne zeitliche Begrenzung individualvertraglich vereinbarte Staffelmiete ist nur insoweit unwirksam, als sie über die damalige zulässige Höchstdauer von zehn Jahren hinausgeht.

# Index

§ 5 WiStG

bei Gewerberaummietverhältnissen 48
Abzug neu für alt 31

allgemeinen Geschäftsbedingungen 46

Ankündigung 33

Ankündigungsschreiben

der Modernisierung 29
Modernisierungsmaßnahme 30
Anpassung der Betriebskostenpauschale 37

Arbeiten auch an Feiertagen und Sonnabenden 33

Art 15

Aufwendungsersatz

wegen Modernisierungsmaßnahmn 31
Außenfahrstuhl

Duldungspflicht 33
Außenfassade 22, 23

Ausstattung 15

Badezimmers

erstmaliger Einbau als Modernisierungsmaßnahme 22
Bagatellmaßnahmen

kein Sonderkündigungsrecht 32
Balkon

als Modernisierungsmaßnahme 22
Begründungsmöglichkeiten der Mieterhöhung 17

Belichtung

als Modenisierungsmaßnahme 22
Beschaffenheit 15

Bruttowarmmiete 15

Bundesamt für Wirtschaft und Ausfuhrkontrolle (BAFA) 54

Die Mieterhöhung - Durchsetzung und Abwehr

Die Mieterhöhung - Durchsetzung und Abwehr

Die Mieterhöhung - Durchsetzung und Abwehr

Die Mieterhöhung - Durchsetzung und Abwehr

Die Mieterhöhung - Durchsetzung und Abwehr

Die Mieterhöhung - Durchsetzung und Abwehr

Die Mieterhöhung - Durchsetzung und Abwehr